Thomas Schumacher

Engel in Bibel, Geschichte und Theologie

Thomas Schumacher

Engel

in Bibel, Geschichte und Theologie

PNEUMA VERLAG

Thomas Schumacher gnd/115769390

Engel
in Bibel, Geschichte und Theologie

Bibliographische Information
der Deutschen Nationalbibliothek

Die Deutsche Nationalbibliothek verzeichnet diese Publikation in der Deutschen Nationalbibliographie; detaillierte bibliographische Daten sind im Internet über http://dnb.d-nb.de abrufbar.

Umschlagbild: Erzengel Michael,
Ikone aus Konstantinopel, 1. Hälfte des 14. Jhd.
Byzantinisches und Christliches Museum Athen (bearbeitet)

Hergestellt in der Europäischen Union – Printed in EU

ISBN 978-3-942013-58-1

www.pneuma-verlag.de

Inhalt

Einleitung

Engel sind populär und erfreuen sich großer Beliebtheit: Immer wieder belegen Umfragen, dass mehr Menschen an Engel zu glauben geneigt sind als an Gott.[1] Engel verkörpern offenbar religiöse Vorstellungen oder spirituelle Erfahrungen. Engel gelten als Sympathieträger und sind positiv konnotiert als Beschützer und Helfer. Die gängigen Vorstellungen von Engeln und von der Beschaffenheit einer Jenseitswelt hat aber nur sehr bedingt etwas mit dem christlichen Glauben und seinen alttestamentlichen Wurzeln zu tun.

Der Begriff »Engel« (gr. ággelos – Bote) begegnet erst in spätjüdisch-hellenistischer Zeit in der griechischen Septuaginta und im 1. Henochbuch als neuer generalisierender Ausdruck für die mannigfaltigen himmlischen Wesen, von denen die biblischen Zeugnisse sprechen. Bereits seit der Frühzeit Israels ist jedoch die Rede vom »Boten JHWHs« belegt. Dass der JHWH-Glaube Israels auch den Boten JHWHs mit einschließt, gründet in der spezifischen Art und Weise der Gotteserfahrung, wie diese an einigen Stellen der frühen Schichten des AT zum Ausdruck kommt und in die Tradition Israels seit frühester Zeit eingeflossen ist. Der Bote (hebr. mal'ak) spricht oder handelt, als sei die Botschaft durch Gott selbst gesprochen oder vollbracht, er repräsentiert Gottes Wort und darin Gottes eigene Gegenwart – so das Zeugnis dieser religiösen Erfahrung, die mit der Gotteserfahrung verschränkt ist.

Die Rede von Gottes Boten gehört genuin zum Glauben Israels und ist keineswegs aus altorientalischen religiösen Vorstellungen übernommen. Mesopotamische, ägyptische oder ugaritische Texte kennen Botengötter, d.h. Boten, die ihrerseits Götter und als solche Teil eines Götterpantheons sind und die ihren Botendienst primär innerhalb der Götterwelt zwischen den Gottheiten ausüben.[2]

Der Bote JHWHs hingegen ist selbst keine Gottheit. Er erschöpft sich in der Rolle des Gesandten, der Gottes Wort und darin Gott repräsentiert, selbst aber gänzlich hinter dieser Sendung zurücktritt und darin aufgeht. Die Eigengestalt des Boten, was für ein »Wer« er ist, bleibt außerhalb der Betrachtung. Der Bote spricht und handelt in der Vollmacht und anstelle JHWHs, er vermittelt dessen Wort und diesen selbst, er repräsentiert ihn und er vergegenwärtigt ihn. Im Wort des Boten scheint das Wort JHWHs auf, in diesem erweist sich JHWH selbst gegenwärtig. In der Rede von Gottes Boten kommt die religiöse bzw. Gotteserfahrung in Israel auf eine sehr spezifische Weise zum Ausdruck, zu der es in dieser Form keine Entsprechung zu den religiösen Vorstellungen in der Umwelt Israels gibt.

Erst in einem zweiten Schritt wird die Sicht auf Gottes Boten mit Vorstellungen aus dem Umfeld Israels von himmlischen Wesen verschmolzen. Die Götter der anderen Völker und sonstige Mächte sind dem Verständnis nach im Himmel wie in einem Hofstaat versammelt und JHWH untergeben, der über Himmel und Erde als der universale König herrscht. In diesem Himmel wird auch Gottes Bote als himmlisches Wesen einordnend verortet. Dass bei der Jahwesierung lokaler Heiligtumstraditionen anstelle der früheren Gottheiten Gottes Bote genannt wird, unterstreicht, wie breit und tief die Vorstellung von Gottes Boten zu jener Zeit im Glauben Israels bereits fest verankert gewesen sein muss, um als Paradigma Anwendung finden zu können.

In einem dritten Schritt der religionsgeschichtlichen Entwicklung werden allerlei bildhaft konkrete und mythologische Vorstellungen aus der multikulturellen orientalischen Umwelt Israels von der Volksfrömmigkeit assimiliert. Der verstärkte kulturelle Austausch unter wechselnder Fremdherrschaft in der Exils- und Nachexilszeit – multikulturelle Großreiche der Babylonier, Perser, Griechen, der ägyptischen

Ptolemäer, syrischen Seleukiden und Römer – beeinflusst die weltanschaulichen und volksreligiösen Vorstellungen im Judentum, die sich insbesondere in der apokalyptischen Literatur niederschlagen. Viele dieser Vorstellungen beziehen sich auf eine himmlische Welt mit unzähligen Engeln einschließlich apokalyptischer Kämpfe.

Die christliche Sicht auf die Engel im NT schließt an die jüdische an, ordnet die Engel jedoch konsequent Jesus Christus unter und sieht sie mit im Dienst an der Christus-Verkündigung, wenn die Engel an entscheidenden Wendepunkten wie der Osterbotschaft die Wahrheit »von oben« her erschließen oder Gottes Botschaft künden. Die frühe Kirche bedenkt die Engel über die jüdisch-apokalyptischen Ansichten und die verbreiteten orientalischen Vorstellungen über Himmel und Erde hinaus insbesondere im Kontext der hellenistischen Philosophie und ordnet eine Lehre von den Engeln wie auch die Christologie in einen kosmo-ontologischen Entwurf ein, so etwa bei den Alexandrinern, bei Augustinus oder Pseudo-Dionysios. Die Engel reichen das göttliche Licht ausgehend von den höchsten Ebenen des Seins von oben nach unten weiter und unterstützen niedere Kreaturen wie die Menschen bei ihrem Aufstieg zu Gott.

Die mittelalterliche Theologie systematisiert und reflektiert die Lehren aus der Patristik, wie sie etwa bei Gregor dem Großen und bei Johannes von Damaskus mit großer Nachwirkung in West und Ost zum Ausdruck gebracht sind. Die Engel werden gewürdigt als von Gott geschaffene, mit Vernunft und Freiheit begabte Geistwesen, die im Himmel Gott lobpreisen und ihm dienen. Während der byzantinische Osten die himmlische Liturgie in der kirchlichen, die himmlische Kirche in der irdischen gespiegelt sieht und sich in den Lobpreis Gottes durch die Engel mystisch einbezogen weiß, geht im Westen die scholastische Theologie auf eine vertiefende, akademische Reflexion der klassischen Engellehren ein.

Thomas von Aquin entwirft seine Engellehre im Rückgriff auf die im 13. Jhd. neu rezipierte Metaphysik des Aristoteles. Für Thomas macht das geistig-intellektive Vermögen das Wesen der Engel aus. Die Engel sind als übergeordnete Geschöpfe von den Menschen deutlich zu unterscheiden. Die franziskanische Theologie (Bonaventura, Duns Scotus) sieht dagegen eher die Ähnlichkeit der Engel analog zum menschlichen Geist nach Art konkreter Lebensvollzüge mit einer fortschreitenden Erkenntnis und Liebe geprägt. Beide theologische Richtungen haben eine beträchtliche Wirkung entfaltet und die nachfolgende universitäre Lehre geprägt; dabei kommt der thomistischen Sicht eine größere Verbreitung zu.

Mit der Hochscholastik endet eine Phase eines konzeptionellen, philosophisch gestützten, spekulativen Nachdenkens über die Engel. Fortan tritt die Bedeutung der Engel innerhalb der Theologie zurück. Die klassischen Topoi werden vor allem in Lehrbüchern und Vorlesungen sowie in Katechismen weitertradiert, während die Aufklärung mangels empirischem oder rationalem Zugang einen grundsätzlichen Zweifel am Engelglauben befördert.

Das neuzeitliche Denken der Moderne verlagert den Fokus insgesamt weg von Himmel und Engeln hin auf den Menschen. Eine solche Säkularisierung erstreckt sich auch auf die Lebenswelt und Weltanschauung der Gläubigen, auf die kirchlichen Initiativen und Verlautbarungen sowie auf die Themen, die die moderne Theologie überhaupt in den Blick nimmt. In einem derart säkularisierten Kontext sind die Engel, wenn auch nicht thematisch geleugnet, so zumindest weit in den Hintergrund getreten und verblasst. In einer anderen Hinsicht erscheint das Interesse an Engeln auch weiterhin durchaus gegeben, allerdings entfernt von der Theologie und von einem kirchlich getragenen Glaubensleben in einen eher esoterischen Bereich transponiert. Gegen einen solchen de facto Säkularismus stemmen sich in der Gegenwart vor allem konservative Bestrebungen in der Katholischen Kirche. Diese bemängeln die Reduktion auf Menschenthemen und stellen bewusst Gott und die unsichtbare Welt in den Fokus. Dies betrifft auch die Engel, die dort in den Konturen der klassischen Katechismuslehren weiterhin im Blick sind.

Unterscheidet man die ursprüngliche Erfahrung von Gottes Boten gegen die späteren Phasen der Entwicklung, so wird deutlich, dass die Rede von Gottes Boten zum Grundbestand des Glaubens gemäß der jüdisch-christlichen Tradition gehört, der Engelglaube nicht von außen zugewachsen ist. Gottes Bote d.h. der Engel ist eine Wirklichkeit nicht von dieser Welt, der Glaube an ihn keine Projektion, keine Phantasterei, keine bloße Idee, sondern im Zusammenhang mit der Gotteserfahrung selbst begründet. Auf Basis der biblischen Zeugnisse ist in einem objektiven Sinn der Glaube begründet, dass Engel tatsächlich existieren.

Darüber hinaus begegnen heutzutage zahlreiche persönliche Zeugnisse von Engelerfahrungen im Zusammenhang mit Nahtoderfahrungen. Raymond A. Moody und Elisabeth Kübler-Ross haben aus der Arbeit mit zahlreichen Betroffenen deren erfahrene Begegnungen mit Lichtwesen aufgezeichnet, die als Personen und teilweise explizit als Engel wahrgenommen wurden.[3] Auch Kinder, denen eine entsprechende kulturelle oder religiöse Prägung fehlte, haben von eben solchen Erfahrungen. berichtet. Da derartige subjektive Erlebnisse, so zutreffend diese auch sein mögen, keine »objektive« allgemeinverbindliche Grundlage im Sinne des Glaubens bedeuten, bleiben diese im vorliegenden Text unberücksichtigt. Sie dürften die Aussagen dieses Buches jedoch zusätzlich stützen.

Engel als Gottes Boten im jüdisch-christlichen Verständnis sind durch Gott einbezogen in dessen eigene Offenbarung zur Welt hin, welche nicht von dieser Welt ist, sondern diese Welt vertikal trifft. Selbst vertikal zur Welt aufzutreten, von Gott in diese vertikale Bewegung einbezogen zu sein in einer Weise, die nicht von dieser Welt ist, somit über die Grenzen dieser Welt gewissermaßen herausgehoben zu sein, um die Sendung zu vollbringen, und zwar als Geschöpf, dies macht das spezifische Wesen der Engel aus. Gott braucht keine Boten, um mit seinen Erwählten in persönlichen Kontakt zu treten, aber er hat diesen Weg de facto gewählt.

Wer oder was Engel sind, darüber spricht der vorliegende Text mit Blick auf die biblischen Zeugnisse, auf die geschichtlichen Entwicklungen und auf die Theologie.

Kapitel 1

Die Rede von Gottes Boten in den frühen Traditionen Israels

In der Tradition Israels findet sich bereits in ihren frühen Schichten die Rede vom »Boten« (hebr.: mal'ak) JHWHs (sprich: Jaḥweh s). Insgesamt 120 mal wird in den alttestamentlichen Schriften unter dieser Bezeichnung von Gottes Boten gesprochen, dies überwiegend in der Einzahl, 15 mal im Plural. Die Fundstellen konzentrieren sich dabei auf eine überschaubare Gruppe von Textstücken,[4] die von eher frühen Erzählungen wie Gen 16 oder dem Deboralied bis hin zu sehr späten Büchern wie jenes des Propheten Sacharja reichen. Diese heterogene Breite an Fundstellen aus unterschiedlichen Epochen belegt, wie sehr es sich bei der Rede von Gottes Boten um ein nicht unbedeutendes, nachhaltiges Element aus der Tradition Israels handelt.

Nicht nur das mit Gottes »Boten« Bezeichnete unterliegt von der Frühzeit Israels bis zum späteren Judentum einem Wandel, sondern über die Bezeichnung »Bote« (mal'ak) hinaus verbreitert sich auch die begriffliche Basis für das Gemeinte. Mitunter ist von »Männern« die Rede oder von Propheten, die der Sache nach per se als Boten Gottes bzw. in seinem Auftrag auftreten, oder von Priestern in einer solchen Funktion. Zugleich verschiebt sich auch die Bedeutung, was mit diesen Boten, die im Auftrag Gottes auftreten, überhaupt gemeint ist. Die Vorstellung von ausdrücklich im Himmel bzw. in einem überweltlichen Bereich oder im Bereich Gottes wohnenden Wesen (s.u. Kap. 5 und 6) findet sich erst in späteren Textstücken des AT, die der Weltanschauung der damaligen Umwelt vielfach korrespondieren. Eine derartige

Vorstellung ist dem frühen Verständnis von Gottes Boten noch völlig fremd. Die Rede von Gottes Boten begegnet zunächst frei von Aussagen über das Wesen solch eines Boten. Die Rede von Gottes Boten bleibt darauf beschränkt, dass der Bote im Namen JHWHs auftritt und eine Botschaft JHWHs zum Ausdruck bringt. Der Bote selbst tritt völlig hinter diese Botschaft zurück und geht darin auf, ohne dass seine Eigengestalt oder sein Name thematisiert würde.

In der Rede von Gottes Boten (mal'ak), wie sie sich in den frühen Erzählungen findet, kommt die religiöse bzw. Gotteserfahrung in Israel auf eine sehr spezifische Weise zum Ausdruck, zu der es in dieser Form keine Entsprechung aus den religiösen Vorstellungen in der Umwelt Israels gibt.[5] Dies betrifft bereits Erzählstücke aus der mündlichen Tradition. In Heiligtumslegenden, die erst im Zusammenhang mit der Landnahme auf JHWH bezogen wurden, tritt an die Stelle dortiger Lokalgottheiten mitunter die Rede vom Boten JHWHs, worin lokale Gottheiten oder ihre Attribute jahwesiert und JHWH subordiniert werden. Dass diese Unterordnung unter JHWH in einigen Fällen mit der Rede vom Boten Gottes verbunden wird, unterstreicht, wie sehr das Verständnis vom Boten Gottes in der Vorstellung Israels zu jener Zeit bereits als etabliert vorauszusetzen ist.

Die Rede von Gottes Boten begegnet insbesondere in Textstücken jahwistischer und elohistischer Redaktion, worin alte Erzählstücke mit verarbeitet sind, in denen religiöse Erfahrungen zum Ausdruck gebracht werden. Die Priesterschrift oder das Deuteronomium hingegen haben eine andere Ausrichtung und sprechen nicht von Gottes Boten.

Die Rede von Gottes Boten (mal'ak)

Die Bezeichnung für Gottes Boten durch das hebräische Wort mal'ak stellt keinen spezifischen Terminus dar, entstammt nicht der religiösen Sprache, sondern ist der Alltagssprache entnommen. Die im Substantiv »m$_{a}$l'$_{a}$k« enthaltene Wurzel »l'k« [sprich l$_{a}$'$_{a}$k], mit den drei Konsonanten als Bedeutungsträger wie in den semitischen Sprachen üblich, ist im hebräischen Text der atl. Bücher allerdings nicht als Verb belegt. Hingegen findet sich das Verb durchaus sowohl im Ugaritischen,[6] einer frühen semitischen Sprache aus dem 3./2. Jahrtausend v.Chr., das als frühe nordwestsemitische Sprache mit Kanaanäisch und dem biblischen Hebräisch eng verwandt ist, sowie in einigen jüngeren semitischen Sprachen wie Aramäisch, Syrisch oder Arabisch.

Ugaritische Quellen, deren Keilschrift-Tafeln seit ihrer Entdeckung und Entzifferung ab 1929 ein erweitertes Wissen um die religiösen Vorstellungen und Mythen in Ugarit und somit für den semitischen Kulturkreis Mitte des 2. Jahrtausends v. Chr. enthüllen, bieten Belege für die Verbform la'ak sowie für das Substantiv mal'ak, welches 14 mal in ugaritischen Texten überliefert ist. Die Wurzel »l'k« bedeutet soviel wie »eine Botschaft senden/überbringen«. Dies erfolgt mittels eines Boten, durch den eine Verbindung zwischen dem Sender der Botschaft und dem Empfänger geschaffen wird, da dieser im Namen des Senders die Botschaft vermittelt und diesen insofern repräsentiert.[7]

l'k/ml'k wird ugaritisch für politische sowie für göttliche Boten gebraucht. Im Keret-Epos wird die Kommunikation zwischen Keret und König Pabil durch je zwei politische d.h. menschliche Boten vermittelt. Im Ba'al-Zyklus ist mal'ak für zwei Jünglinge (B13) als Boten in göttlichem Auftrag belegt (III AB, B11.22.26.28.30.44). Der Meeresgott Jam will den Herrschaftsanspruch Ba'als über die übrigen Götter verhindern und sendet daher die beiden Boten zum Schöpfergott El, der über allen Göttern und Dämonen steht. Diese Boten werden als Jünglinge mit einer klaren Eigengestalt dargestellt, zudem tragen sie Eigennamen ('ttrt; der zweite Name ist nicht erhalten). Die Götter im Ba'al-Zyklus gehören unterschiedlich machtvollen Ebenen an: Ganz oben stehen El mit seiner Frau Ašera, darunter folgen Götter für die einzelnen Bereiche wie Ba'al für das Wetter, Jam für Meere und Flüsse oder Mot für die Unterwelt. Auf einer dritten Stufe stehen Götter mit konkreten Zuständigkeiten, die im Dienst der oberen Götter stehen. Auf der vierten und letzten Stufe finden sich die Boten, die in der ugaritischen Religion somit auch selbst der Götterwelt zugehören.[8]

Darüber hinaus ist auch in einem ugaritischen Fragment aus dem Ba'al-Anat-Mythos von einem Kind aus ihrer Verbindung als Bote (mal'ak) die Rede (6,25), d.h. dieses Kind steht auf der vierten Stufe der Götterhierarchie und gehört insofern auch selbst zum göttlichen Bereich.

Der alttestamentliche hebräische Sprachgebrauch folgt dem ugaritischen insofern, als sowohl von Boten im politischen d.h. im menschlichen Bereich als auch im sakralen Sinn vom Boten JHWHs die Rede ist, wobei letzterem aus der religiösen Erfahrung Israels inhaltlich ein gänzlich eigener Bedeutungsgehalt zuwächst.

mal'ak als Bote im innerweltlichen Bereich

Boten in politischer oder diplomatischer Funktion nennen die alttestamentlichen Schriften 72 mal in der Mehrzahl, 16 mal als singulären Boten. Derartige hochrangige Gesandte dienen dazu, Botschaften auf der Ebene zwischen Regierenden zu überbringen, deren Kommunikation zu vermitteln und so die exekutive Korrespondenz zu gewährleisten. Die Mehrzahl an Boten unterstreicht den Charakter einer diplomatischen hochrangigen Gesandtschaft. In der Praxis mag dabei eine Rolle spielen, einem möglichen Ausfall eines Boten vorzubeugen oder eine gegenseitige Kontrolle zu gewährleisten, damit die Sendung der Boten zum beabsichtigten Ziel führt.

Mose etwa schickt von Kadesch aus Boten als offizielle Gesandte zum König von Edom (Num 20,14), ebenso zum Amoriterkönig Sihon (Num 21,21) sowie zum König von Heschbon (Deut 2,26) jeweils mit dem Anliegen, dass Israel auf seinem Weg zum gelobten Land deren Land durchqueren möchte. Dem König von Heschbon wird zudem ein konkretes Angebot überbracht, beim Durchzug auf den Wegen zu bleiben sowie Speise und Trank gegen Silber zu kaufen (Deut 2,27-29), um Vorbehalte gegen die Passage zu entkräften. Diese Boten überbringen eine Botschaft, dabei stehen sie im Dienst der politischen Konsultation, der gegenseitigen Abstimmung und Vermittlung.

Der Richter Jiftach aus Gilead schickt mehrfach Boten zum König der Ammoniter, um angesichts eines drohenden Kampfes um ein Landstück zu verhandeln (Jos 11,12.14). In diesem Zusammenhang werden analog zum genannten Beispiel des Mose auch Boten zum König von Edom und zum König von Moab sowie zu Sihon, dem König der Amoriter geschickt, weil Israel auf seinem Weg zum Land der Verheißung ihr Gebiet durchqueren möchte (Jos 11,17.19).

Balak, der König von Moab, sendet Boten von seinem Hof aus zu Bileam, damit dieser das Volk Israel verfluchen möge, das sich in den Steppen von Moab niedergelassen hat und dort alle Ressourcen verbraucht. Bileam schickt diese Boten mit seiner zunächst abschlägigen Antwort zu Balak zurück (Num 22,5.13; 24,12). Daraufhin sendet Balak erneut (dieselben?) Boten zu Blileam und verheißt ihm einen Lohn, wenn dieser auf seine Bitte eingeht (Num 22,15-17). Mit Gottes Zustimmung begleitet Bileam schließlich die Boten zu Balak (Num 22,21-22). Dass Balak Boten von seinem Hof aus schickt, mag auf Hofbeamte hinweisen. Diese Boten sind nicht irgendjemand; sie stehen dem König nahe und erscheinen insofern geeignet, in dessen Namen eine Botschaft zu überbringen, zu vermitteln oder zu verhandeln.

Im Rahmen der Aramäerkriege schickt Ben-Hadad, der König von Aram, zweimal Boten zu Israels König Ahab, um die Forderung nach Gold, Silber und Frauen zu überbringen und beim zweiten Mal die Forderung noch auszuweiten (1 Kön 20,2.5). Die Botschaft entspricht gewissermaßen einer diplomatischen Note oder Verbalnote. Ahab erteilt den Boten seine abschlägige Antwort, Ben-Hadad schickt erneut die Boten und Ahab gibt ihnen erneut seine Antwort mit (1 Kön 20,9-11). Das Aussenden von Boten bedeutet einen üblichen Prozess, wie er immer wieder stattfindet und nicht außergewöhnlich ist.

Boten werden gesandt, um Einladungen (Ez 23,40) oder militärische Nachrichten zu überbringen (Ez 17,15). Ahas bittet per Boten um militärische Unterstützung gegen den König von Aram (2 Kön 16,7).

Hiram, der König von Tyrus, schickt Boten zu David, nachdem dieser Jerusalem erobert und zu seiner Stadt gemacht hat, und lässt David Zedernholz und Handwerker zukommen für die Bauarbeiten an Davids Palast (2 Sam 5,11). Die Boten in diesem Fall überbringen mehr als nur eine Botschaft des Königs, sondern sie flankieren und deuten die Geschenke, die David offeriert werden. Vermittels der Boten macht Hiram David seine Aufwartung.

Boten in einer politischen oder diplomatischen Mission überbringen nicht nur eine Botschaft, sondern erscheinen als offizielle hochrangige Delegation zur Vermittlung zwischen souveränen Königen, um zwischenstaatliche Fragen zu klären oder Angebote zu verhandeln. In solch einer Rolle gleichen sie hohen Hofbeamten aus dem nahen Umfeld des Königs, die mir einem Verhandlungsmandat ausgestattet und gesandt sind und vermittels derer der König gleichsam selbst handelt.

Boten spielen aber keineswegs nur im politischen Bereich als Delegationen zwischen Königen eine Rolle, sondern kommen auch innerhalb Israels ganz pragmatisch rein zur

Mitteilung zum Einsatz: Die Bundeslade wird von den Philistern zurück nach Israel geschickt und gelangt zunächst nach Bet-Schemesch. Nachdem der Herr dort 70 Mann erschlagen hat, weil die Einwohner die Lade angeschaut hatten, schickt man Boten nach Kirjat-Jearim, damit die dortigen Einwohner die Bundeslade abholen und zu sich nehmen (1 Sam 6,21).

Darüber hinaus kommen Boten auch für konkrete Erledigungen nach Art von Dienern zum Einsatz. Josua schickt nach dem Geständnis des Aran Boten, damit diese die veruntreuten Dinge, die nach der Eroberung Jerichos dem Untergang geweiht waren, die Aran jedoch an sich genommen und unter seinem Zelt im Boden vergraben hat, herausholen (Jos 7,22).

Nur ein einzelner Bote hingegen kommt zum Einsatz, wenn die Sache, um die es geht, diskret, vertraulich, verborgen behandelt werden soll. 16 mal ist in den atl. Schriften von solch einem politischen Boten im Singular die Rede. Davids Neffe Joab, seit der erfolgreichen Eroberung Jerusalems der unangefochtene Führer des Heeres, sendet einen Boten zu David, um diesem zu berichten, dass der Hethiter Urija, dessen Frau Batseba David geschwängert hatte, im Kampf gefallen ist (2 Sam 11,18-21). Zu diesem Ziel hatte David selbst die Anweisung an Joab gegeben, Urija ganz vorn an die Front der Kämpfe zu stellen und sich dann von ihm zurückzuziehen, so dass dieser im Kampf den Tod findet. Diese Anweisung an Joab ist derart brisant, dass David nicht einen Boten damit betraut, sondern diese Anweisung schriftlich verfasst und durch Urija selbst an Joab überbringen lässt (2 Sam 11,14-15).

Dass von Boten im innerweltlichen Bereich in den alttestamentlichen Schriften meist im Sinne einer politischen Delegation oder einer staatstragenden, offiziellen Aufgabe die Rede ist, nicht aber von Boten im Zusammenhang mit eher privaten Lebensumständen, mag in der Absicht der Redaktion dieser Texte begründet sein, Israel als gesellschaftliche und auch staatsrelevante, ja als staatliche Größe darzustellen, zu welcher es de facto allerdings erst nach der Landnahme und in der Königszeit geworden ist.

In einem nicht diplomatischen oder staatlichen Sinn begegnen Boten etwa in den Vätererzählungen bei Jakob, der Boten zu seinem hintergangenen Bruder Esau schickt, um dessen Wohlwollen zu finden (Gen 32,4). Danach schickt Jakob aus Furcht mehrere seiner Knechte nacheinander mit Geschenken Esau entgegen, wobei diese Knechte nicht dem Wort nach als Boten bezeichnet werden, aber eine vergleichbare Funktion erfüllen, wie auch Jakob sich selbst in diesem Zusammenhang als Knecht bezeichnet, um sich gegenüber Esau zu erniedrigen (Gen 32,14-22). Durch die Knechte in der Funktion von Boten drückt sich Jakob Esau gegenüber seinerseits als Knecht aus, ähnlich wie im mal'ak-Boten der hochstehende Sender gleichsam selbst zum Empfänger spricht.

Die Sendung von Boten als eine hierarchische Abstufung zwischen Sender und Empfänger der Botschaft zu deuten, stellt eher die Ausnahme dar. In diesem Sinne zeigt sich der Syrer Naaman beleidigt, dass der Prophet Elischa einen Boten zu ihm herausschickt statt selbst zu kommen und Naaman vom Aussatz zu heilen. Von seiner Stellung her hätte Naaman erwartet, vom Propheten persönlich empfangen und behandelt zu werden (2 Kön 5,10-12).

mal'ak als Bote JHWHs

Vom Wortgebrauch aus der Alltagssprache ausgehend wird das hebräische Wort mal'ak/Bote in die religiöse Sprache übernommen und bezeichnet darin etwas ganz Analoges: Eine Botschaft zu überbringen, die von JHWH kommt. Eine

Übernahme des Sprachgebrauchs in den religiösen Bereich entspricht durchaus dem Ugaritischen und dem sprachlichen Kontext in der Umwelt Israels. Allerdings gewinnt der Bedeutungsgehalt bei der Rede vom Boten JHWHs demgegenüber eine eigene Kontur.

Kapitel 2

Konturen des Boten Gottes (mal'ak JHWH)

Analog zum profanen Sprachgebrauch geht es bei der Rede vom Boten JHWHs im Kern darum, dass dieser im Auftrag JHWHs auftritt und dessen Botschaft verkündet. In 10 Fällen bleibt mal'ak undeterminiert ohne Artikel d.h. im Sinne von »ein« Bote.[9] In 21 Fällen wird mal'ak durch den bestimmten Artikel determiniert im Sinne von »der« Bote JHWHs, davon zweimal im Plural »die« Boten JHWHs.[10]

Die unmittelbare Zugehörigkeit des Boten zu JHWH wird an 56 Textstellen auch sprachlich eigens unterstrichen, indem das Wort mal'ak in Form einer sog. Constructus-Verbindung an den Gottesnamen JHWH angelehnt und so mit diesem engstens verbunden wird: »mal'ak JHWH«.[11] Auch durch die Constructus-Verbindung wird mal'ak determiniert. Darüber hinaus wird mal'ak in 12 Fällen mit der Gottesbezeichnung 'elohim verbunden.[12]

Der Bote JHWHs repräsentiert dessen Wort. Der Bote verkörpert nichts anderes als die Botschaft Gottes. Er selbst tritt gänzlich dahinter zurück und geht darin auf. Dabei erweist sich der Bote als Künder sowie als Werkzeug für Gottes Offenbarung, für sein rettendes Wort und seine heilbringende Tat. Der Bote erscheint dem Bereich JHWHs zugehörig; teilweise verschwimmen sein Wort, sein Auftreten und sein Handeln mit dem Wort, dem Auftreten und dem Handeln Gottes selbst.

Der Bote Gottes tritt als Repräsentant JHWHs in Erscheinung. Über seine eigene Gestalt wird freilich nichts gesagt. Aber in seinem Auftreten erscheint Gottes eigenes Auftreten vermittelt, repräsentiert, vergegenwärtigt. Im Boten scheint JHWH selbst auf, in seinem Wort und in seinem Handeln treten JHWHs eigenes Wort und JHWHs eigenes Handeln hervor.

Wer oder was der Bote selbst eigentlich ist, bleibt außerhalb der Betrachtung. Es gibt auf dieser ursprünglichen Stufe keine Aussagen über die Eigengestalt des Boten, wie er auftritt, wie er aussieht, was für ein »Wer« er eigentlich ist. Auch kommt ihm kein Name zu. Die Aussage beschränkt sich darauf, was von Bedeutung ist, nämlich als Bote für JHWHs Wort und Tat aufzutreten. Nach vollbrachtem Dienst gerät der Bote sofort wieder aus dem Blick.

Einige frühe Erzählstücke zeigen den Boten JHWHs in dieser derart ganz eigenen Ausprägung, die zudem mit keiner äußeren Vorlage aus der Umwelt Israels vergleichbar ist. Nun ist nicht nur die Abfassung der Erzvätererzählungen in ihrer Gesamtredaktion (Gen 12-36), sondern auch die Redaktion der einzelnen Zyklen wie Jakobszyklus oder Abrahamszyklus wohl um einiges später anzusetzen als im Rahmen der Urkundenhypothese lange vermutet wurde.[13] In mehreren Schritten sind kleinere Überlieferungsstücke zu größeren Texteinheiten verbunden und um weitere Erzählinhalte angereichert worden. Die ältesten Stücke darin oder die ersten mündlichen Traditionen dahinter lassen sich nicht klar rekonstruieren.

Dennoch gibt es Hinweise, die bei einigen Texten, die vom Boten JHWHs sprechen, auf sehr ursprüngliche Traditionsstücke schließen lassen: Inhaltlich handelt die Botschaft des Boten z.B. in Gen 16 von der Verheißungstradition, also dem Kernaspekt des Abrahamszyklus insgesamt. Die Verse mit der Botschaft des Boten in Gen 16 stehen im Zentrum dieses Abschnitts und bilden dessen inhaltlichen Höhepunkt. Die narrative Handlungsebene um Hagar erscheint gleichsam um dieses Zentrum herum erzählt. Dabei tritt der Bote gänzlich hinter der Botschaft zurück, seine Eigenpersönlichkeit bleibt außerhalb der Betrachtung. Der Bote wird nicht nach Art eines Gesandten vom himmlischen Hof dargestellt. Er wird auch nicht aus theologischen Gründen erwähnt, sondern ist mit der Kernbotschaft direkt verbunden. In der Botschaft des Boten zeigt sich in unausgeschmückter Weise, was den Glauben des Volkes Israel ausmacht. Dies lässt darauf schließen, dass das Auftreten des Boten in den betreffenden Abschnitten zu einem alten Kern dieser Erzählstücke gehört. Eine Rekonstruktion ist allerdings nicht möglich.

Im Deboralied, einem der wohl ältesten Textstücke des AT vermutlich aus der ausgehenden Richterzeit 12./11. Jhd. v. Chr., wird der »mal'ak JHWH« erwähnt in einem Abschnitt, der von Kampf und Sieg handelt (Ri 5,23). Auch im frühen Segenswort des Jakob-Israel über Josef begegnet der Bote Gottes, in einer analogen Entsprechung zu Gott selbst (Gen 48,16; hier: 'elohim mit best. Artikel). Eine wesentlich zentralere Rolle auch auf der Erzählebene spielt der »mal'ak JHWH« im Textstück über Bileam (Num 22,22-27.31-32.34-35).

Bileam-Erzählung

Die Wurzeln der Bileam-Erzählung Num 22-24 reichen mindestens ins 9. Jhd. v. Chr. zurück;[14] allerdings lassen sich die Ursprünge nicht mehr gegen die späteren Redaktionsschichten herausdifferenzieren. Daher lässt sich das Vorkommen des »mal'ak JHWH« zeitlich nicht präzise festmachen.

Balak, der König von Moab, lässt durch Boten nach Bileam schicken, um das aus Ägypten zugewanderte Volk Israel zu verfluchen, das ihm sein Land kahlfrisst. Bileam bespricht sich des Nachts mit JHWH, der sich gegen dieses Ansinnen stellt, weil Israel gesegnet ist. Balak sendet erneut Boten, mehr als zuvor, um Bileam für seinen Plan zu gewinnen. Wiederum bespricht sich Bileam des Nachts mit

JHWH, der ihn nun aber mitgehen lässt, allerdings unter der Auflage, nur das zu tun, was er ihm sagen wird.

Die folgenden Verse Num 22,22-35 mit dem Auftreten des mal'ak JHWH scheinen einen alternativen Erzählstrang anstelle der zweiten Aussendung von Boten widerzugeben. Demnach wurde Gott zornig, weil Bileam mit Balaks Boten mitging. Dreimal stellt sich der Bote JHWHs dem auf einer Eselin reitenden Seher Bileam entgegen und blockiert den Weg. Nur die Eselin sieht den Boten JHWHs mit gezücktem Schwert den Weg blockieren und weicht aus. Bileam hingegen sieht den Boten JHWHs nicht. Nach dem dritten Mal spricht die Eselin zu Bileam, was vorgefallen ist. Schließlich öffnet JHWH Bileam die Augen, so dass auch er nun den Boten JHWHs erblickt. Im Gespräch mit diesem bereut Bileam sein Tun. Nun erhält Bileam den Auftrag wie im vorangegangenen Erzählstrang: Er soll mitgehen, aber nur tun, was der Bote [nicht JHWH selbst] ihm sagen wird.

Die Opposition JHWHs dagegen, dass Bileam mitgeht, um Israel zu verfluchen, wird im Erzählstück vom Boten JHWHs und der Eselin narrativ auserzählt. Gleich einer Fabel mit sprechenden Tieren führt die Eselin einen Dialog mit Bileam. Der Vorbehalt JHWHs wird durch das dreimalige Entgegenstellen seines Boten auf der Handlungsebene anschaulich gemacht. Diese Veranschaulichung entspricht der Darstellung, dass JHWH »zornig« wird (V22).

Dass Bileam JHWHs Boten nicht sehen kann, unterstreicht, dass der Bote zum Bereich JHWHs gehört, des unsichtbaren Gottes. Dass die Eselin diesen sehen kann, ist der Erzähllogik geschuldet. Dass Bileam diesen nicht aus eigener Kraft sehen kann, veranschaulicht die Grenzen seines heidnischen Sehertums. Der Seher Bileam vermag vielleicht mit Mächten umzugehen, die den Bereich der Alltagswelt der Menschen übersteigen, nicht aber den Boten JHWHs zu schauen, geschweige denn JHWH selbst. Es bedarf eines aktiven Eingreifens durch JHWH, eines aktiven Öffnens der Augen durch JHWH, so dass Bileam den Boten schließlich sehen kann. Das Aufscheinen des Boten erscheint als Versichtbarung der Offenbarung JHWHs selbst. Anders als in Num 22,9-12.20 kommt Bileam in diesem Erzählstück Num 22,22-35 lediglich mit dem Boten JHWHs in Kontakt, und auch dies nur aufgrund von JHWHs aktivem Eingreifen. Der heidnische Bileam mit seinen eigenen Seherfähigkeiten gelangt nicht in den unmittelbaren Kontakt zu JHWH.

Das Auftreten des Boten JHWHs mit dem Schwert in der Hand, mag der Erzähllogik geschuldet sein, Bileam und der Eselin den Weg zu verwehren. Man könnte darin allerdings auch eine Redaktion sehen, die den Boten JHWHs als Zugehörigen zu einer himmlischen, unsichtbaren Welt im Sinne der Cherubim interpretiert.

Erzväter: Hagar – Abraham – Sarah

In der Erzählung von der Magd Hagar und ihrem mit Abram gemeinsamen Sohn Ismael tritt der Bote JHWHs zweimal in einer Lage höchster Not in Erscheinung. In der ersten Episode um Ismaels Geburt (Gen 16,1-16) steht der Dialog zwischen dem Boten JHWHs und Hagar im Zentrum und umfasst die Verse 7 bis 12.

Der Bote JHWHs findet Hagar in der Wüste, an einer Quelle auf dem Weg nach Schur. Hagar ist auf der Flucht, nachdem sie ein Kind von Abram empfangen hat und mit dessen Frau Sarai in heftigen Widerstreit geraten ist. Die Ägypterin Hagar stand als Sklavin und Magd im Dienst an Abrams Frau Sarai. Weil aber Abram von Sarai keine Kinder bekommen hatte, sollte Hagar dem Abram anstelle ihrer Herrin ein Kind gebären. Hagar wurde zur Nebenfrau Abrams, blieb aber zugleich die Magd Sarais. Als Hagar von Abram schwanger wird, erhöht sich die Rivalität zwischen den beiden Frauen. Abram belässt Hagar in Sarais Hand, die sie derart hart behandelt, dass Hagar in die Wüste flieht.

Der Bote Gottes spricht Hagar beim Namen an und erweist ihr Respekt, ihr, der als Sklavin gesellschaftlich keine Rechtspersönlichkeit zukommt, sondern die in allen Angelegenheiten unter dem Namen ihrer Herrin steht, nichts im eigenen Namen tun kann, im Außenverhältnis gleichsam keinen eigenen Namen hat. In dieser Situation spiegelt sich unter umgekehrten Vorzeichen Israels Sklavendasein in Ägypten; hier lebt die Ägypterin im Sklavendienst fern ihrer Heimat an der Wiege Israels. Wie Israel aus Ägypten ergreift die Ägypterin Hagar die Flucht weg vom Stammvater Israels in die Wüste. Aber im Unterschied zu Israel, das von JHWH aus Ägypten herausgeführt wird, hat der Herr für Hagar einen anderen Weg vorgesehen.

Der Bote schickt Hagar zurück unter das Joch ihrer Herrin und mutet ihr die »harte« Behandlung weiter zu. »Hart« wurde Israel vom Pharao in Ägypten behandelt. Aber der Herr sieht und hört Hagar in ihrem Leid. Der vom Herrn vorgesehene Weg lässt also einerseits weiterhin die harte Behandlung zu, folgt dabei aber einem größeren Plan, der in der Verheißung des Boten zum Ausdruck kommt. Diese Verheißung ist analog zur Verheißung an Abraham formuliert, ihn zu einem großen Volk zu machen, das man nicht zählen kann. Diese Verheißung JHWHs, die das verbindende Element zwischen allen Erzväter-Erzählungen ist, wird auf Hagar gespiegelt; ihr wird in der Spiegelung diese Verheißung aber nicht durch JHWH selbst, sondern durch seinen Boten kundgetan, d.h. gespiegelt, abgestuft. Der Bote erscheint gegenüber JHWH abgestuft, aber er vermittelt nichts anderes als die Verheißung JHWHs selbst.

Hagar gehorcht dem Boten und nimmt die Verheißung an. Der Name »Ismael« (»Gott hört«), der in der Botschaft als vom Herrn verfügt mitgeteilt wird, unterstreicht, wie sehr in dieser Mutterschaft und dem damit verbundenen Leid aus der harten Behandlung Gott da ist und Hagar in all ihrer Not hört. Die Wendung der Not und die Verheißung kommt von Gott, er ist es, der Hagar in ihrer Not sieht und hört; Gottes Bote aber ist es, der genau diese Verheißung und das rettende Handeln Gottes an Hagar vermittelt. Dass Hagar das Wort des Boten und damit die Verheißung Gottes annimmt, unterstreicht sie durch die Namensgebung des Ortes der Begegnung mit dem Boten: El-Roï d.h. »Gott, der nach mir schaut«. Analog erfolgt die Namensgebung des Brunnens. Es geht um die Verheißung Gottes, der Bote tritt gänzlich dahinter zurück.

Hagar stellt sich unter die durch den Boten vermittelte Verheißung und nimmt verbunden mit ihrer Rückkehr auch die harte Behandlung als Sklavin in Kauf. So stellt sie sich durch ihren Gehorsam in den Dienst am Heilsplan des Herrn selbst, der sie in ihrem damit einhergehenden Leid hört und auf sie schaut. Hagar kehrt also zurück und gibt ihrem Sohn den verheißenen Namen Ismael.

In der zweiten Episode dieser Erzählung (Gen 21,9-21) tritt der Bote Gottes nochmals in analoger Weise in Erscheinung. Während Gott selbst zu Abraham spricht, erfolgt die Botschaft an Hagar über Gottes Verheißung für Ismael abgestuft durch den Boten. Diese Verheißung schließt sinngemäß an jene an, die der Bote Gen 16,10 zum Ausdruck gebracht hat, die an dieser Stelle aber nicht mehr auf Hagar, sondern auf Ismael bezogen wird.

In dieser zweiten Episode stehen sich nicht mehr nur Hagar und Sarah, sondern nunmehr ihre Söhne Ismael und Isaak als Widersacher gegenüber. Auch Abraham hat aufgrund der Verheißung, die durch Gott selbst und nicht durch seinen Boten ergangen ist, inzwischen auch durch seine Frau Sarah einen Sohn bekommen. In den Bundesschluss Gottes mit Abram, der mit den Namensänderungen in Abraham

(»Vater einer Menge«) und in Sarah (»Fürstin«) einhergeht, werden zugleich auch dessen Sohn Isaak sowie dessen Nachkommen ausdrücklich mit einbezogen (Gen 17,19.21), nicht jedoch Ismael, auch wenn dieser als Sohn Abrahams einer analogen Verheißung gemäß zu einem großen Volk werden soll (Gen 16,10; 17,20; 21,13.18; 25,12-18).

Mit Isaak wird Abrahams Zweitgeborener in der göttlichen Erwählung bevorzugt wie es auch bei Kain und Abel sowie im späteren Verlauf bei Esau und Jakob der Fall ist. Erwählung, Verheißung und Bundesschluss folgen Gottes eigenem Plan, nicht der üblichen Erbfolge. Die Linie des Bundesvolks soll über Isaak laufen, wie Gott selbst Abraham kundtut (Gen 21,12). Ismael und die weiteren Abrahamssöhne (Gen 25,1-6) bleiben bei der Erbfolge außen vor.

Hagar und Ismael werden daher in die Wüste fortgeschickt. Analog zur ersten Episode mit der schwangeren Hagar geraten nunmehr beide in der Wüste in große Not und Lebensgefahr. Wiederum ist es Gott, der »hört« d.h. den Knaben schreien hört. Daraufhin tritt erneut der Bote Gottes auf, der Hagar die ergangene Verheißung Gottes kundtut, auch Ismael zu einem großen Volk zu machen. Die Verheißung für Ismael erscheint analog zu jener für Isaak, zugleich jedoch abgestuft, da es sich bei Ismaels Nachkommenschaft nicht um das Bundesvolk handelt. Dementsprechend spricht auch nicht Gott selbst zu Hagar, sondern gleichsam abgestuft dessen Bote.

Erzväter: Abrahams Opfer

Die Erzählung Gen 22,1-19 steht von Anfang an unter einem hypothetischen Vorbehalt: Diese wird als eine Prüfung Abrahams dargestellt, eine Art Stresstest für den Glauben Abrahams einerseits sowie für die Treue Gottes hinsichtlich seiner Verheißung andererseits. Gott hat Abraham bereits unwiderruflich verheißen, ihn zu einem großen Volk zu machen (Gen 12,2) und dazu eigens den Bund geschlossen mit Abraham und ausdrücklich auch einschließlich seiner Nachkommen, ihnen das verheißene Land zu geben (Gen 17,7-8). Der ganze Abrahamszyklus ist von dieser Verheißung geprägt. Diese wird in der Erzählung von Abrahams Opfer aus einer weiteren Perspektive »ex negativo« beleuchtet.

Mehrere Komplikationen, die einer Erfüllung der Verheißung im Weg zu stehen scheinen, werden vorab erzählt: Dass Sarah zu alt ist für ein leibliches Kind ebenso wie Abraham, dass Abraham ersatzweise einen Sohn mit der Magd Hagar bekommt. Die Linie des Bundesvolkes soll aber dem Plan Gottes entsprechend ausdrücklich nicht über Ismael, sondern über Isaak laufen. Nun erscheint die Erfüllung der Verheißung dadurch erneut bedroht, dass Isaak als Opfer eingefordert wird, und zwar durch niemand anderes als durch Gott selbst. Das retardierende Moment der Verheißungserzählung scheint auf den Gipfel getrieben.

Zweimal tritt Gottes Bote in dieser Situation in Erscheinung und spricht zu Abraham. In beiden Fällen ruft der Bote »vom Himmel her«. In Gen 22,11 interveniert der Bote JHWHs und gebietet in letzter Sekunde Einhalt, damit Isaak nicht getötet wird. Zugleich unterstreicht er den Charakter der Prüfung: »Jetzt weiß ich, dass du Gott fürchtest, du hast mir deinen einzigen Sohn nicht vorenthalten.« Der Wechsel in die sprachliche 1. Person scheint dem Boten plötzlich eine gewisse Eigenpersönlichkeit zu verleihen, so als hätte der Bote die Prüfung durchgeführt. Vielmehr aber wird deutlich, wie der Text zwischen dem Boten JHWHs und JHWH selbst hin- und herspringt. Der Bote JHWHs scheint mit JHWH selbst geradezu eins zu sein (s.u. Kapitel 3). Demensprechend benennt Abraham den Ort dieser Prüfung »Jahwe Jire« – »Jahwe sieht«, weil Gott auf Abraham gesehen hat, wie schon auf Hagar in ihrer Not, und weil Gott sich auf dem Berg sehen ließ.

Ob es sich um einen redaktionellen Eingriff auf dem Weg der Überlieferungsgeschichte dieser Erzählung handelt, dass JHWH stellenweise durch den Boten JHWHs ersetzt wurde, etwa um im Rahmen der Pentateuch-Gesamterzählung auf ein direktes Eingreifen JHWHs vor Ex 3 zu verzichten, lässt sich nicht rekonstruieren. Denkbar sind aber auch sukzessive Überlieferungstraditionen dieses Erzählstücks, wobei einiges dafür spricht, dass das Auftreten des Boten JHWHs der ursprünglichen Fassung des Erzählstücks, einer Ortssage,[15] entspricht, die im Verlauf der Redaktionsgeschichte in eine größere Gesamterzählung integriert und assimiliert worden ist. Durchaus war es nicht unüblich, bei der Assimilation von Ortssagen bzw. Heiligtumslegenden (z.B. Berg der Opferung Isaaks, Gen 22; Bet-El Gen 28; Machanajim Gen 32; Tempelplatz 2 Sam 24; 1 Chr 21) das Handeln Gottes auf den Boten Gottes herabgestuft zu sehen,[16] so wie die Götter der Nachbarvölker und die (Natur-)Mächte in Israels Religionsgeschichte unter JHWH als den höchsten Gott subordiniert worden sind, bevor diese erst sehr viel später gänzlich negiert werden.

Dass der Bote jeweils »vom Himmel her« ruft, mag also einer elohistischen Schicht in der Geschichte der Redaktion dieser Erzählung geschuldet sein, die den Boten JHWHs bereits als ein himmlisches Wesen interpretiert (s.u. Kapitel 4.4 und 5). Das Rufen des Boten »vom Himmel her« erscheint somit als elohistisches Framing eines bereits vorliegenden Traditionsstücks, das vom Boten JHWHs spricht.

Der Bote JHWHs spricht Abraham zum zweiten Mal an und bekräftigt erneut die Verheißung. Diese wird im Wort des Boten dahingehend ausgeschmückt, dass aufgrund von Abrahams Gehorsam in dieser Prüfung – trotz aller theodizeebehafteten Zumutungen und Rückschläge (vgl.

Hagar-Erzählung) – Gott ihm Segen in Fülle schenkt, so dass nicht nur Abraham selbst (Gen 12,2), sondern auch seine Nachkommen ein Segen sein werden (Gen 22,18). Die vorliegende Erzählung wird auf diese Weise in die Verheißungstradition eingebunden und in den Abrahamszyklus assimiliert. Manch einer mag diese Erzählung gar als »die formvollendetste und abgründigste aller Vätergeschichten« ansehen.[17]

Der Bote JHWHs vermittelt in dieser Erzählung einmal mehr die Rettung durch Gott aus der akuten Not und er bekräftigt die unumstößliche Treue Gottes zu seiner Verheißung. So steht der Bote ganz und gar im Dienst Gottes, der sein Volk erwählt und zu ihm gesprochen hat. Hinter dieser Botschaft tritt der Bote zurück und er geht im Überbringen dieser Botschaft auf. Dass der Bote »vom Himmel her« ruft, weist auf eine etwas spätere Schicht in der Redaktion hin, die bereits eine Art himmlischen Hof kennt und den Boten JHWHs durch diesen Zusatz elohistisch im Sinne eines Boten »vom Himmel her« interpretiert.

Exodus-Tradition

Analog zur zentralen Rolle der Verheißungstradition in den Erzväter-Erzählungen ist insbesondere der Exodus Israels aus Ägypten durch JHWH die maßgebliche Grundlage für Israel in seinem kollektiven Selbstverständnis als das Bundesvolk JHWHs, das er sich in besonderer Weise zu eigen erwählt hat. Der Exodus markiert das zentrale Ursprungsereignis: Israel ist das Volk, das JHWH aus Ägypten geführt hat. Israel ist sein Volk, JHWH ist ihr Gott. Dieses »Urbekenntnis« ist für Israel zentral.[18] Erst in zweiter Linie kommt es auf dieser Basis im Lauf der mannigfachen Literaturgeschichte des AT zu unterschiedlichen Akzentsetzungen, etwa ob man von Herausführen (jāṣā) oder von Heraufführen (’ālāh) spricht, wobei bei ersterem rückblickend die Befreiung aus Ägypten durch JHWH, bei letzterem der Zusammenhang mit der Landnahme als Ziel des Exodus-Weges stärker im Blick steht.[19]

»Ich bin JHWH, dein Gott, der dich aus Ägypten geführt hat, dem Sklavenhaus« (Ex 20,2; Dtn 5,6). An diesem zentralen Ursprungsereignis des Exodus findet sich die Rede vom Boten JHWHs: »Die Ägypter haben uns und unsere Väter schlecht behandelt. Da haben wir zum Herrn geschrien und er hat uns gehört. Er schickte einen Boten, und der Bote führte uns aus Ägypten heraus« (Num 20,15b-16a). Bemerkenswerterweise wird hier der Bote JHWHs als jener dargestellt, der Israel aus Ägypten geführt hat. Ex 23,20 spezifiziert diese Sendung des Boten durch JHWH: »Ich werde einen Boten senden, der dir vorausgeht. Er soll dich auf dem Weg schützen und dich an den Ort bringen, den ich bestimmt habe« (Ex 23,20). Der Bote JHWHs wird mit dem Exodus selbst verknüpft bzw. ineins gesehen, sei es in der Rolle, Israel aus Ägypten heraus zu führen, es auf dem Weg zu beschützen oder Israel zum Ziel dieses Weges zu geleiten. Der Bote JHWHs wird als direkt mit Gottes eigenem rettenden Handeln an Israel verknüpft wahrgenommen, gewissermaßen als dessen verlängerter Arm, der heilswirksam in die irdischen Niederungen des Exodus hineinreicht.

Der Bote JHWHs erscheint gleichsam als Repräsentant JHWHs, worin JHWH selbst gegenwärtig ist: »Achte auf ihn und hör auf seine Stimme! Widersetz dich ihm nicht! Er würde es nicht ertragen, wenn ihr euch auflehnt; denn in ihm ist mein Name gegenwärtig« (Ex 23,21). Der heilige Gottesname aus Ex 3, der »Ich-bin-da« bedeutet, d.h. JHWHs eigene Gegenwart wird im Boten JHWHs vergegenwärtigt.

Wenn Israel auf die Stimme des Boten JHWHs hört, »dann werde ich [d.h. JHWH selbst] der Feind deiner Feinde sein und alle in die Enge treiben, die dich bedrängen« (Ex

23,22). Der Bote JHWHs geht Israel voran auf dem Weg in das Land der fremden Völker, und JHWH selbst ist es, der diese Völker zugunsten Israels auslöscht (Ex 23,23). Dieser Bote JHWHs wird in Ex 23,23 ausdrücklich als »mein Bote« (mit hebr. Suffix 1.Pers.Sgl.) ausgewiesen. Der Bote JHWHs ist aufs Innerste mit dem Heilshandeln JHWHs verknüpft.

In ähnlicher Weise changiert der Text zwischen dem Boten JHWHs und JHWH selbst bei der Erzähldarstellung auf dem Exodusweg. Da wird JHWH selbst als derjenige beschrieben, der vor Israel herzieht, tagsüber in einer Wolkensäule, nachts in einer Feuersäule (Ex 13,21). Ex 14,19 hingegen lässt den Boten, an dieser Stelle als mal'ak ha'elohim bezeichnet, in der Wolkensäule den Zug der Israeliten anführen, ihn dann aber auch an das Ende des Zuges treten, um so zwischen Israel und die nachsetzenden Ägypter zu treten. Im Boten JHWHs manifestiert sich JHWHs schützende Hand über Israel. Dann aber ist es wieder JHWH selbst, der aus der Feuer- und Wolkensäule auf das Lager der Ägypter blickt, aktiv die Ägypter in Verwirrung bringt und sehr konkret die Räder an ihren Verfolgungswagen hemmt, so dass der Pharao bekennen muss, dass JHWH auf Israels Seite kämpft (Ex 14,24-25). Schließlich spricht JHWH selbst zu Mose, dass er seine Hand über das Meer ausstrecken soll, damit das Wasser zurückfließt und die nachsetzenden Ägypter vernichtet (Ex 14,26). Im Boten JHWHs wird Gottes eigenes Heilshandeln repräsentiert, in seinem Boten steht Gott selbst seinem Volk im Exodus bei, rettet es aus Ägypten und führt es in das verheißene Land.

»Ich bin JHWH, dein Gott, der dich aus Ägypten geführt hat, dem Sklavenhaus« (Ex 20,2; Dtn 5,6). Durch den Exodus ist Israel zugleich in den Bund mit JHWH eingetreten, der in der Perspektive des Exodus und des Deuteronomium seinen Ausdruck im Gesetz findet (Ex 24,3-8; Dtn 26,16-19). Obwohl Israel diesen Bund in der Gestalt des Gesetzes sogleich nach Übergabe der Bundestafeln bricht, bekräftigt JHWH erneut diesen seinen Bund mit dem Volk. Mose soll das Volk an das verheißene Ziel führen, »mein Bote wird vor dir hergehen« (Ex 32,34). Vom Boten JHWHs wird auf einer praktischen, alltäglichen oder operativen Ebene ausgesagt, was Israel im Bund mit JHWH auf einer grundlegenden, absoluten Ebene in Glauben und Vertrauen diesem verdankt.

Ex 33,2-3 bekräftigt die Sendung des auf dem Weg vorangehenden Boten nochmals, setzt aber zugleich eine wesentliche Unterscheidung. Nach dem Bundesbruch bleibt eine gewisse Distanz zwischen JHWH und dem störrischen Volk. »Ich selbst ziehe nicht in deiner Mitte hinauf.« Stattdessen sendet JHWH einen Boten, der Mose und dem Volk auf dem weiteren Weg vorangeht. Während JHWH selbst auf eine gewisse Distanz zu gehen scheint, bleibt also der Bote als Mittler direkt bei Israel.

Diese distanzierte Nähe manifestiert sich auch in der kultischen Präsenz JHWHs. Wohnt JHWH zunächst in der Bundeslade inmitten des Volkes (Ex 25,8 ff.), so wird nach dem Bundesbruch des Volkes und nach dem Wort JHWHs, nicht selbst in Israels Mitte hinaufzuziehen, sondern stattdessen den Boten zu senden, das Offenbarungszelt in einiger Entfernung vom Lager aufgestellt (Ex 33,7).

Kapitel 3

Gottes Bote im Verhältnis zu Gott selbst

Der Bote handelt im Namen dessen, der ihn gesandt hat. In dieser Sendung erfüllt der Bote, was das Wesen seines Botenseins ausmacht. Das Wort des Boten oder seine Tat ist nichts anderes als das Wort oder die Tat dessen, der ihn gesandt hat. Der Bote selbst tritt hinter dieser Sendung zurück, wird so sehr transparent auf diese seine Sendung, dass er darin aufzugehen scheint. Wenn der Bote spricht oder handelt, dann spricht darin de iure jener, der ihn gesandt hat. Was der Bote spricht, ist genau das, wozu er gesandt ist; er spricht das Wort dessen, der ihn gesandt hat und in dessen Namen er seinen Auftrag vollbringt.

Dieses allgemeine Verständnis des Botendienstes, das auch im politischen sowie im persönlichen Bereich in Israel entsprechend der ugaritisch-semitischen Auffassung etabliert ist, gilt ebenso für das Verständnis des Boten, den JHWH sendet. Weil aber JHWH der eine Gott ist, so ist das Verhältnis zwischen ihm und seinem Boten von gänzlich eigener Art, so wie auch das Verhältnis zwischen JHWH und einem Menschen oder zwischen JHWH und der Welt von gänzlich eigener Art ist. Dieses besondere Verhältnis zwischen JHWH und seinem Boten gilt es näher in den Blick zu nehmen.

Auffälligkeiten im biblischen Text

Am unauffälligsten erscheinen Textstücke, in denen der Bote klar von JHWH zu unterscheiden ist. In Ex 33,2-3 etwa geht JHWH nach dem Bundesbruch auf eine gewisse Distanz zum störrischen Volk. »Ich selbst ziehe nicht in deiner Mitte hinauf.« Stattdessen sendet JHWH einen Boten, der Mose und dem Volk auf dem weiteren Weg vorangeht. Während JHWH selbst auf Distanz zu gehen scheint, bleibt also der Bote als Mittler direkt bei Israel. Zu erkennen ist eine gewisse Rollenteilung: Nicht JHWH geleitet das Volk durch die Wüste, sondern der Bote soll sein Führer sein. Der Bote JHWHs und JHWH selbst lassen sich klar unterscheiden, wenngleich dem Boten freilich keine andere Aufgabe zukommt als allein JHWHs Werk in dessen Auftrag und an dessen Stelle zu verrichten. Zwischen JHWHs Boten und JHWH selbst besteht somit eine innere Relation; nach außen erscheinen sie voneinander unterschieden.

Ri 2,1 lässt den Boten ein Wort aussprechen, das wie von JHWH selbst gesprochen anmutet: »Ich habe euch aus Ägypten heraufgeführt und euch in das Land gebracht, das ich euren Vätern mit einem Eid zugesichert hatte. Ich hatte gesagt: Ich werde meinen Bund mit euch niemals aufheben.« In diesem Wort erscheint sowohl die Verheißungs- als auch die Exodustradition, d.h. die beiden ureigensten Momente des Bundes JHWHs mit Israel, auf den Boten JHWHs bezogen. Da aber niemand anderer als JHWH selbst als Grund sowohl der Verheißung als auch des Exodus angesehen werden darf, kann nicht der Bote Subjekt dieser Aussage sei, es sei denn, er wäre mit JHWH identisch.

Erklären lässt sich dieses Wort aus dem Mund des Boten insofern, als der Bote an JHWHs Stelle spricht und allein dessen Wort verkündet. Der Bote tritt völlig hinter der Botschaft zurück, insofern erscheint sein Wort gänzlich transparent auf das Wort JHWHs selbst. Im Wort des Boten erklingt nichts anderes als das Wort Jahwes, vergleichbar einer direkten wörtlichen Rede, die lediglich widergegeben wird. Wenn die Einleitung zu einer direkten Rede wie etwa »So spricht JHWH« fehlt, kann man von einem verkürzten Botenstil sprechen, so dass der Bote im »Gottesich« zu reden scheint und die Abgrenzung zwischen dem Boten und JHWH nivelliert erscheint.[20] Aus dem Kontext und vom Wesen des Boten her wird jedoch klar, dass es sich um die Widergabe eines Gotteswortes durch den Boten handelt, so dass das Gotteswort durch den Boten für den Empfänger erfahrbar wird.

Die Widergabe solch einer direkten Rede JHWHs in der 1. Person Singular begegnet keineswegs nur in der Rede des Boten JHWHs. So wird etwa in Am 3,1 nach einem Hinweis auf das Wort JHWHs in der 1. Person geredet: »den ich aus Ägypten heraufgeführt habe«. Auch die Antwort der Adressaten an den Boten wird zuweilen derart formuliert, dass über den Boten der Absender direkt angesprochen wird. Der Dialog zwischen den Boten Jiftachs und dem König der Ammoniter ist formuliert, als würden der Gileaditer Jiftach und der König von Angesicht direkt miteinander sprechen (Ri 11,12-13). Der Bote tritt von seinem Wesen her gänzlich hinter der Botschaft zurück und erschöpft sich in der Rolle eines Mittlers.

Auch in der Hagar-Erzählung Gen 16,10-12 (vgl. 21,18) begegnet eine derartige widergegebene Rede, wenn der Bote sagt: »Deine Nachkommen will ich so zahlreich machen, dass man sie nicht zählen kann.« De facto verbürgt aber nicht der Bote und kann nicht der Bote eine große Nachkommenschaft bewirken, sondern nur JHWH selbst als Ausdruck seines Segens (vgl. Gen 21,13). Weiter sagt der Bote: »Du bist schwanger, du wirst einen Sohn gebären und ihn Ismael [Gott hört] nennen.« Auch dieses Wort entspricht mehr einem eigenen Wort JHWHs, es ist seine Verheißung an Hagar. Lediglich die Erklärung des Namens erscheint als Deutewort eines »Dritten«: »Denn JHWH hat auf dich gehört in deinem Leid«. In der Benennung des Ortes sowie des Brunnens bezieht sich Hagar wiederum auf JHWH und nicht auf den Boten, dass nämlich JHWH auf sie geschaut hat; der Bote ist lediglich dessen Gesandter, vermittelt die Gotteserfahrung, spielt aber keine eigene Rolle. Es wird also unterschieden zwischen der Erfahrung des Boten, und der in dieser konkreten Erfahrung vermittelten dahinterstehenden Gotteserfahrung als dem eigentlichen Grund dieser Erfahrung. Hagar erkennt in der Erfahrung des Boten, dass JHWH selbst auf sie gehört und geschaut hat. Dies bringt sie durch die Benennung des Ortes und des Brunnens zum Ausdruck.

In der Fortsetzung der Hagar-Erzählung Gen 21,17-20 wechselt das Subjekt zwischen JHWH und seinem Boten. JHWH hört den Knaben in der Wüste schreien, aber dann ist es der Bote, der zu Hagar spricht, und zwar »vom Himmel her«, einer elohistischen Redaktion entsprechend. Der Bote teilt mit, dass JHWH den Knaben gehört hat. Dann schließt sich erneut eine Widergabe direkter Gottesrede an: »Denn zu einem großen Volk will ich ihn machen«. Erneut wechselt das Subjekt, und nun ist es JHWH selbst, der Hagar die Augen öffnet, so dass sie den Brunnen erblicken und lebensrettendes Wasser schöpfen kann. Die Wechsel in der Perspektive und des Subjekts zeigen das besondere Verhältnis des Boten zu JHWH selbst an. Eine klare Abgrenzung ist schwierig.

Bei der Opferung Isaaks Gen 22 scheint der Bote gar an JHWHs Stelle zu treten, indem er den zuvor von JHWH ergangenen Auftrag zur Opferung Isaaks aufhebt. So steht das Wort des Boten Gen 22,12 vordergründig gegen JHWHs eigenen Auftrag Gen 22,2. Allerdings spricht der Bote nicht anders denn anstelle JHWHs. Auch hier gibt der Bote die direkte Gottesrede wider: »Du hast mir deinen einzigen Sohn nicht vorenthalten.«

Im Segenswort des Jakob über Josef wird der Bote in einer analogen Entsprechung zu Gott (ha'elohim) erwähnt, dass er die Knaben segnet (Gen 48,16). Es bleibt an dieser Textstelle bei dieser Nennung. Die Erwähnung des Boten begegnet hier aber analog zu Gott, sprachlich in Parallele gesetzt.

Beim brennenden Dornbusch ist es zunächst der Bote JHWHs, der initial in Erscheinung tritt (Ex 3,2). Dieses »Sich sehen lassen« des Boten aus der Flamme wird durch das Wort ra'ah dargestellt, worin sonst das theophane Sich-sehen-lassen JHWHs zum Ausdruck kommt: Etwa bei JHWHs Aufscheinen in der Wolke (Ex 16,10), im Allerheiligsten (Lev 16,2) oder während der Wanderung Israels durch die Wüste (Num 14,10.14; 16,19; 17,7; 20,6; Dtn 31,15) sowie in den Erzvätererzählungen bei Abraham (Gen 12,7; 17,1; 18,1; 22,14), Isaak (Gen 26,2.24) und Jakob (Gen 35,1.9). Auf das Sich-sehen-lassen JHWHs vor den Erzvätern wird in Ex 6,3 eigens Bezug genommen. Auch die Feuerflamme ist als Erscheinungsform für das Da-sein JHWHs etabliert, zumal in der Form der Feuer- und Wolkensäule (Ex 13,21-22; 14,19. 24; 33,9-10).

Nach dem Sich-sehen-lassen des Boten JHWHs aus der Feuerflamme ist es nun Gott selbst – unter den wechselnden, miteinander verschränkten Bezeichnungen JHWH (Ex 3,4a.7), 'elohim (Ex 3, 4b.6.11-16) sowie JHWH 'elohim (Ex 3,15.16.18), was die Vielschichtigkeit dieses Textstücks belegt – der zu Mose aus dem Dornbusch spricht. Das Sich-sehen-lassen des Boten erscheint wie der initiale erste Schritt, der die Selbstoffenbarung Gottes einleitet, dabei aber bereits wesentliche Charakteristika dieser Gottesoffenbarung aufweist. Der Bote führt in das eigene Sich-sehen-lassen JHWHs ein. Dabei erscheint der Bote mit JHWH auf das Engste verbunden, derart in JHWH hineinzuragen, so dass eine klare Abgrenzung schwierig ist. In welchem Verhältnis aber steht denn nun der Bote JHWHs zu JHWH selbst?

(differenzierte) Identität?

Da der Bote JHWHs derart direkt in die Selbstoffenbarung JHWHs, in sein Wort und in sein Heilswerk einbezogen erscheint, stellt sich die Frage, ob oder inwiefern dieser möglicherweise dem Bereich Gottes zuzurechnen ist d.h. ob der Bote überhaupt als kreatürlich anzusehen ist.

So könnte der Bote JHWHs möglicherweise eine bestimmte Erscheinungsform, eine Manifestation von JHWH selbst bezeichnen. Tatsächlich wurde eine Art von »Identitätstheorie« von einigen Theologen aus dem späten 19. bis ins 20. Jhd. vertreten.[21] Mit Otto Procksch hat ein später Vertreter dieser Theorie diese dahingehend modifiziert, dass im Boten JHWHs göttliches und geschöpfliches Subjekt »alternieren«.[22] Eine solche alternierende Vorstellung wurde bis weit ins 20. Jhd. von einigen Theologen vertreten,[23] da einige Textstellen eher auf eine innere Einheit zwischen Boten und JHWH, andere eher auf die Unterschiedenheit des Boten von JHWH schließen lassen. Demzufolge sei die Identitätsvorstellung keineswegs strikt auszulegen, sondern müsse eine gewisse Differenzierung mit integrieren. Bernhard Stein sieht daher im Boten JHWHs beim Exodus »nicht Gott in seiner transzendenten Wirklichkeit, sondern Jahwe, sofern er unter seinem Volk in besonderer Weise wirksam ist«.[24] Dies bedeutet eine gewisse Differenzierung zwischen JHWH selbst (Deus secundum se) und JHWH hinsichtlich seiner konkreten Zuwendung zur Welt oder zu seinen Erwählten im Rahmen der Heilsgeschichte (quoad nos). Bei letzterem kommt der Bote JHWHs zur Erscheinung.

Die Logostheorie, die in der jüdischen sowie in der christlichen Antike durch Theologen wie Justin der Märtyrer vertreten wurde und im Boten JHWHs eine Manifestation oder eine Art Inkarnation des göttlichen Logos zu erblicken sucht, will ein Modell sowohl für die Zugehörigkeit des Boten zu JHWH als auch für dessen Differenzierung von

JHWH bieten. Dahinter steht die Annahme, dass dem Logos als dem einen Wort aus Gottes Mund gleichsam ein gewisses Eigensein zukommt (ähnlich wie der »Weisheit« Spr 1,20-33; 8,1-36; Sir 24; Weish 10,1-11,1), so dass man dieses Logos-Wort vom immer mehr transzendent aufgefassten Gott JHWH unterscheiden kann, dass dieses Logos-Wort zugleich aber JHWH oder zumindest seinem Bereich zugehört d.h. dass es nicht kreatürlich ist. In diesem Sinn wäre der Logos, obgleich Gott zugehörig, etwas weniger transzendent zu denken als der absolut transzendente Gott. Dem Logos käme somit ein stärkerer Weltbezug zu (Schöpfung, Offenbarung, vermittelnder Bote von Gott her). Eine solche Auffassung vom göttlichen Logos findet sich in der Antike mehrfach als weltanschauliches Element, angefangen von der Philosophie des Heraklit bis zur Stoa und zum Mittel- und Neuplatonismus. Auch im späten Judentum findet sich eine Interpretation vom Logos als einer Art Hypostase JHWHs, ohne mit diesem schlechthin identisch zu sein, weil sich JHWH nicht im Logos erschöpft. Dabei wurde die Transzendenz JHWHs sehr stark betont; zugleich gab es das Bestreben, den Gottesnamen aus Ehrfurcht oder Scheu möglichst zu vermeiden.

Insgesamt bot diese Auffassung vom Logos einen gewissen Ansatz, den an JHWH so eng angebundenen Boten als einerseits diesem wesensmäßig zugehörig, andererseits aber doch von ihm unterschieden zu interpretieren. Auch im 19./20. Jhd. ist eine derartige modifizierte Logostheorie von einigen Theologen vertreten worden.[25] Demzufolge wäre der Bote als eine Art Prä-Inkarnation des Logos geschichtlich vor Jesus Christus zu denken.[26] Die Logostheorie ist jedoch nie mehr als eine Seitenlinie in der Interpretation des Boten JHWHs gewesen.

Beim Versuch, sowohl die Einheit des Boten mit JHWH als auch eine gewisse Differenzierung von JHWH zum Ausdruck zu bringen, ist der Bote JHWHs analog zur

Logostheorie vereinzelt auch als eine Art Hypostase JHWHs ausgelegt worden. Die Begrifflichkeit »Hypostase« ist freilich jünger als die Schriften des AT und begegnet im Neuplatonismus bei Porphyrius sowie christlich bei den Kappadoziern im 4. Jhd. n. Chr. Ausdrücklich auf den Boten JHWHs bezogen findet sich der Begriff der Hypostase bei Paul Heinisch im 20. Jhd.[27] Als Hypostase wäre der Bote eine Form der Verwirklichung, wie JHWH selbst in Erscheinung tritt, dies aber in einer Daseinsweise, worin er sich nicht erschöpft. So könnte der Bote als wesensmäßig zu JHWH gehörig gedacht werden, ohne ihn mit diesem schlechthin ineinszusehen.

Aber auch ohne die Logostheorie oder ohne eine Hypostase JHWHs anzunehmen, kann der Bote als Verwirklichung der Gegenwart JHWHs ausgelegt werden – ohne diesen wesensmäßig d.h. ontisch Gott zuzurechnen. In diesem Fall ist der Bote als eine von JHWH zu unterscheidende Kreatur anzusehen, die aber in einem spezifischen, tiefreichenden Verhältnis auf JHWH bezogen ist und als solche in seinem Auftrag handelt, ohne mit diesem in irgendeinem Punkt identisch zu sein (s.u. Repräsentation).

Interpolation – Subordination – Assimilation

Einige jener Textstellen, in denen der Bote JHWHs und JHWH selbst ineinander zu ragen scheinen und eine klare Abgrenzung schwierig erscheint, betreffen Erzählstücke von alten Ortsheiligtümern. Einige von diesen, an denen zuvor andere El-Götter verehrt wurden, sind im Zusammenhang mit der Etablierung des JHWH-Glaubens »jahwesiert« d.h. auf JHWH bezogen oder in den JHWH-Glauben einbezogen worden. Dies betrifft den Kult am jeweiligen Lokalheiligtum, dessen Gründungserzählung oder auch die Lokalgottheit selbst. Teilweise wurde die lokale El-Gottheit in JHWH hinein assimiliert oder ihm in Gestalt eines Boten JHWHs subordiniert.

Eine solche Jahwesierung von zuvor schon bestehenden Heiligtümern betrifft z.B. den Berg der Opferung Isaaks (Gen 22), Machanajim (Gen 32) oder den Tempelplatz von Jerusalem (2 Sam 24; 1 Chr 21). Jakob erfährt im Traumgesicht die Gegenwart JHWHs und errichtet an Ort und Stelle in Bet-El einen Altar (Gen 28,10-22: Himmelsleiter mit den auf- und niedersteigenden Boten [Plural]; Gen 35,1-7; Gen 35,15f). Auch der Brunnen Beer-Lahar-Roi aus der Hagar-Erzählung (Gen 16,13-14) zeugt von einer solchen Jahwesierung. Offenbar wurde hier ein »Brunnen des Hai-Roï« im Rahmen der Hagar-Erzählung als »Brunnen des Lebenden, der mich sieht« (Lahai ~ ḥjh »am Leben sein«; Roï ~ r'h »sehen«) aitiologisch neu gedeutet.[28]

Im Zusammenhang mit einer solchen Assimilation eines bestehenden Heiligtums in den JHWH-Glauben hinein begegnet an diesen Stellen der Bote. In einigen Fällen wurde die frühere Lokalgottheit oder wurden deren Reste als Bote JHWHs eingestuft und auf diese Weise JHWH subordiniert und in den JHWH-Glauben assimiliert. In anderen Fällen hatten die frühen Redaktoren offenbar eine Scheu, im Zusammenhang mit einem fremden Lokalheiligtum von JHWH persönlich zu sprechen und rekurrierten daher zumindest partiell auf die bestehende Vorstellung vom Boten JHWHs. Derartige Interpolationen können hinsichtlich der Geschichte der Textentstehung nur sehr früh, am ehesten in der noch vorschriftlichen Phase erfolgt sein. Wäre ein solcher Eingriff in einer späten Redaktionsstufe des Schrifttextes erfolgt, müssten diese Interpolationen durchgängig, weit verbreitet zu finden sein. De facto liegen sie aber nur vereinzelt vor.

Tatsächlich begegnet auffallend häufig in zahlreichen dieser Lokalheiligtums-Erzählungen die Rede vom Boten JHWHs. Der Prozess der Subordinierung und Assimilierung findet sich in der Religionsgeschichte Israels analog im Umgang mit Gottheiten von Nachbarvölkern oder Naturmächten, die unter JHWH subordiniert und in den JHWH-Glauben hinein assimiliert wurden, während man andere gegen JHWH abgegrenzte. So wurden etwa El oder Schaddaj (Ex 6,3) zunehmend mit JHWH identifiziert. Der JHWH-Kult übernahm Eigenschaften, die El zugeschrieben waren, wie etwa in einem Zelt zu wohnen (Ex 33,7) oder als Vater angesehen zu werden (Dtn 32,6). Auf der anderen Seite wurde die Baalsverehrung im Nordreich im 9./8. Jhd. v. Chr. gegen den JHWH-Glauben abgegrenzt und mit aller Macht bekämpft (2 Kön 10,18-29). Auch mit der Etablierung der JHWH-Verehrung wird die weltanschaulich selbstverständlich erscheinende Existenz der fremden Götter nicht sogleich geleugnet; vielmehr wird zunächst ihre Verehrung eingeschränkt, später verboten (Ex 20,3; Dtn 5,7).

Erst seit dem 9. Jhd. v. Chr. formiert sich eine Bewegung, welche zugleich mit dem Ziel der Abgrenzung gegen kultische Einflüsse aus der assyrischen und babylonischen Kultur die Alleinverehrung JHWHs anstrebt. In diesem Kontext steht das Wort des Propheten Hosea: »Ich bin der Herr, dein Gott, seit der Zeit in Ägypten. Du sollst keinen anderen Gott kennen als mich. Es gibt keinen Retter außer mir« (Hos 13,4). Zugleich mit der politischen und kulturellen Abgrenzung werden bis dahin integrierte Fremdelemente wie Opferkulte, Weissagungen oder Bildnisse aus Israels JHWH-Kult getilgt.

Einen Übergang von einer ausschließlichen Verehrung JHWHs als des höchsten Gottes hin zu einem ausdrücklichen Eingottglauben erfolgt erst in der Situation des Babylonischen Exils (597–539 v. Chr.). Nunmehr schließt der JHWH-Glaube andere Gottheiten aus und verneint deren Existenz. Deuterojesaja (Jes 40-55) bringt die Exklusivität des JHWH-Glaubens auf den Punkt: »[…] damit ihr erkennt und mir glaubt und einseht, dass ich es bin. Vor mir wurde kein Gott erschaffen und auch nach mir wird es keinen geben. Ich bin Jahwe, ich, und außer mir gibt es keinen Retter« (Jes 43,10-11). So werden die Völker gegenüber Israel bekennen: »Nur bei dir gibt es einen Gott, und sonst gibt es keinen« (Jes 45,14), und so werden auch die anderen Völker zu JHWH kommen und sich vor ihm niederwerfen (ebd.). Die Götterbilder hingegen sind menschengemacht, von Handwerkern aus Gold und Silber angefertigt (Jes 40,19). Ruft man solch einen Gott an, antwortet er nicht, und auch in der Not kann er nicht helfen (Jes 46,7). JHWH hingegen hat Israel als sein erwähltes Volk durch die Geschichte geführt, und auch in der Not steht er ihm bei. JHWH ist der einzige, außer ihm gibt es keinen Gott (Jes 44,6).

In der Frühzeit Israels hingegen ist die schleichende Assimilierung vormaliger Ortsheiligtümer einschließlich ihrer Lokalgottheiten in Form des Boten JHWHs ein nicht unüblicher Vorgang. Eine solche Entwicklung setzt freilich voraus, dass die Vorstellung vom Boten JHWHs im Glauben Israels bereits grundsätzlich etabliert ist. Durch ein vertieftes Verständnis über die Entstehung der alttestamentlichen Schriften korrespondierend zur Religionsgeschichte Israels und ein Wissen um die Ebenen der Redaktion von frühen Überlieferungsstücken bis zum finalen schriftlichen Text ist erst in der jüngeren Zeit deutlich geworden, dass die Rede vom Boten JHWHs an einigen Textstellen durch Interpolation d.h. durch Einschub zustande gekommen sein dürfte. Durch derartige Interpolationen wird die Rede vom Boten JHWHs nicht falsifiziert oder relativiert. Das Faktum solcher Interpolationen belegt vielmehr, wie sehr die Rede und die Vorstellung vom Boten JHWHs zu jener Zeit bereits Bestandteil der religiösen Sprache und des JHWH-Glaubens gewesen ist.

Die mit einer Assimilierung einer Lokalgottheit oder eines Lokalheiligtums verbundene Rede vom Boten JHWHs bedeutet somit keine Erfindung des Boten an sich; denn auch andere frühe Erzählstücke kennen bereits den Boten JHWHs, freilich in einem weniger konturierten Verständnis. Es liegt nahe, dass die Rede vom Boten JHWHs von ihren Ursprüngen her in der religiösen Erfahrung d.h. im Zusammenhang mit der Gotteserfahrung verortet ist. Offenbar hat es in der religiösen Tradition Israels diese Erfahrung vom Boten gegeben, die im Zusammenhang mit der Gotteserfahrung steht, woraus sich Zusammenhang und Differenzierung zwischen dem Boten und JHWH erklären. Von dieser Erfahrung aus konnte sich die Rede vom Boten JHWHs etablieren und kam als bereits etablierte Vorstellung später auch bei der Jahwesierung von Lokalheiligtümern sowie bei der Jahwesierung kanaanäischer Vorstellungen von einem »Himmel« und im Himmel lebender Wesen zum Tragen.

Repräsentation

Der Bote JHWHs spricht und handelt nicht anders als im Namen JHWHs, der ihn gesandt hat und dessen Bote er ist. Darin verwirklicht der Bote, was seine Sendung und was das Wesen seines Botenseins ausmacht. Das Wort des Boten oder seine Tat sind nichts anderes als das Wort oder die Tat dessen, der ihn gesandt hat. Das Wort des Boten erscheint daher gänzlich transparent auf das Wort JHWHs selbst d.h. dieses repräsentiert JHWHs eigenes Wort. Im Wort des Boten erklingt nichts anderes als das Wort JHWHs, so als würde dieser selbst reden, was er im Wort des Boten auf vermittelte Weise – repräsentiert, vergegenwärtigt – de iure sowie de facto auch tatsächlich tut.

Der Bote spricht und handelt in Vollmacht anstelle von JHWH. Er vermittelt Wort und Tat JHWHs, ja er vermittelt darin diesen selbst, der Bote repräsentiert ihn und er vergegenwärtigt ihn. In Verwirklichung seines Botendienstes tritt dieser gänzlich hinter diesen Dienst zurück und erfüllt darin seine Sendung. Der Bote wird so sehr transparent auf diese seine Sendung, dass von ihm nichts anderes als das vermittelte Gotteswort vernehmbar wird.

Im Botenwort handelt es sich um eine mehrdimensionale Erfahrung. Erfahren wird das Wort des Boten, das jedoch auf das eigene Wort JHWHs hin transparent wird. Aus dem vermittelnden Wort des Boten heraus, in diesem sowie über dieses hinaus wird das eigene Wort JHWHs erfahrbar, welches somit in-über der Erfahrung des Botenwortes miterfahren wird. Die Erfahrung des Botenwortes als vermittelnde Grundlage bleibt bestehen, es wird durch das darin miterfahrbare Wort JHWHs nicht aufgelöst. Das Botenwort ist jedoch vermittelnderweise und repräsentierenderweise auf das Wort JHWHs hin ausgerichtet, dem es völlig zu Diensten ist. Somit hat das Botenwort und hat auch der Bote als Bote »keinerlei Existenz für sich allein«.[29]

Der Bote ist daher nicht selbst Gegenstand irgendeines Interesses, oder irgendeiner Wahrnehmung, sondern es geht ausschließlich um das Wort JHWHs, das der Bote verkündet und für das er steht. Wer der Bote selbst ist, sein Aussehen, Konturen seiner eigenen Persönlichkeit oder sein Wesen, wer oder was er ist, treten ganz und gar hinter das durch den Boten vermittelte Gotteswort d.h. hinter die Sendung zurück. Das macht die Sendung des Boten JHWHs, das macht sein Wesen aus. Das Wer oder Was des Boten selbst bleiben außerhalb der Betrachtung.

Das Wort des Boten übermittelt das Wort JHWHs, der Bote vermittelt das Wort JHWHs und darin diesen selbst. Durch das übermittelte Wort und in diesem Wort bringt der Bote JHWHs eigenes Wort zur Darstellung. Indem der Bote seine Sendung verwirklicht, repräsentiert er JHWH. Das

Wort des Boten wird transparent auf JHWHs eigenes Wort, das gleich einer direkten Rede widergegeben erscheint. Im Wort des Boten scheint das Wort JHWHs auf – und nicht nur das: im Boten scheint JHWH auf. Im Boten wird das Wort JHWHs sowie in diesem JHWH selbst epiphan. Die finale Erfassung des Wortes JHWHs beim Adressaten des Botenwortes sowie das Epiphanwerden JHWHs löst aber die Realität des Boten nicht auf.

Der sichtbare Bote offenbart JHWH als den unsichtbaren Gott. So kommt in der Boten- und Mittlerrolle dem Boten eine Brückenfunktion zur Welt hin zu. Der Bote erweist sich insofern als »Offenbarungsmedium«.[30] Jene, die JHWH erwählt hat, hören vermittels des Boten JHWHs eigenes Wort; sie erfahren vermittels des Boten JHWH selbst. In der Erfahrung des Boten erscheint insofern die religiöse und Gotteserfahrung vermittelt. Es ist dies die lebendige Erfahrung einer Gottesbegegnung, die je schon vermittelt ist. Daher ist die Erfahrung des Boten mit der religiösen Erfahrung und der Gotteserfahrung verschränkt.

Das Sich-sehen-lassen des Boten führt in das eigene Sich-sehen-lassen JHWHs ein. Der Bote wird transparent auf JHWH selbst. Im Boten zeigt sich JHWH gegenwärtig.

G. von Rad hat den Boten JHWHs daher als »Organ des besonderen Gnadenverhältnisses Jahwes zu Israel« bestimmt, als »Person gewordene Hilfe Jahwes für Israel«.[31] Der Bote offenbart ihn, repräsentiert ihn, macht JHWH gegenwärtig. Der Bote wirkt als Organ des Wortes und der Tat JHWHs; er wirkt als Organ des Bundes JHWHs mit Israel.

ein Verhältnis nicht von dieser Welt

Der Bote JHWHs ist aufgrund seiner Mittlerrolle in einer besonderen Weise in die Offenbarung JHWHs zur Welt hin einbezogen. Hieraus ergibt sich eine herausragende Bedeutung des Boten zur Welt hin, da die Adressaten die Offenbarung JHWHs vielfach durch dessen Boten vernehmen, vermittels des Boten ihrer gewahr werden und durch das Wort des Boten und in diesem Wort JHWHs eigenes Wort hören.

Zur Welt hin steht der Bote JHWHs daher in einem Verhältnis, das nicht von dieser Welt ist, so wie JHWHs Verhältnis zur Welt eine Relation gänzlich eigener Art bedeutet und der Bote gerade im Kontext dieser besonderen Relation seine Sendung erfüllt. Das Verhältnis Gottes zur Welt besteht nicht in jener Weise wie das Verhältnis zwischen zwei Menschen innerhalb der Welt. Vielmehr gründet diese Welt in ihm als dem Schöpfer; er überragt diese Welt in absoluter Weise, worin seine Transzendenz hinsichtlich der Welt begründet ist.

Die Sendung des Boten ereignet sich genau an diesem Punkt des besonderen Verhältnisses JHWHs zur Welt. Der Bote nimmt eine Brückenfunktion, eine Mittlerrolle wahr, indem er an der Offenbarung JHWHs mitwirkt. Weil es aber die Offenbarung JHWHs ist, an der er mitwirkt, daher ist diese Mittlerrolle nicht irgendein singulärer Botendienst, nicht vergleichbar mit den Botendiensten innerhalb des Weltgeschehens, die von kontingenter Art sind. Weil JHWH der eine Gott ist, bestimmt die Sendung des Boten zugleich sein Wesen. Diese Sendung durch JHWH macht nicht nur aus, was der Bote sagt, sondern auch, was er ist und wer er ist.

Auch wenn die Sendung des Boten an diesem besonderen Verhältnis JHWHs zur Welt hin sich ereignet, so ist der Bote doch seinerseits ein geschaffenes Wesen und in keiner Weise, auch nicht in einem singulären Punkt, mit JHWH identisch. Der Bote ist keine Hypostase JHWHs, im Unterschied zu Gottes Geist, sondern er ist kreatürlich.

Auch ohne eine Hypostase JHWHs zu sein, kann der Bote als maßgeblicher Repräsentant der Gegenwart JHWHs wirken. Dabei ist der Bote als eine von JHWH selbst zu unterscheidende Kreatur anzusehen, die in einem ganz spezifischen Verhältnis auf JHWH bezogen ist und als solche in seinem Auftrag handelt, ohne mit diesem in irgendeiner Weise identisch zu sein.

Zugleich aber steht der Bote in einem besonderen Verhältnis zu JHWH, da er von diesem derart in Dienst genommen, in dessen Offenbarungsbewegung zur Welt hin einbezogen ist, dass diese Sendung sein Wesen zuinnerst prägt. Dieses Verhältnis zu JHWH kann nicht nach Art innerweltlicher Relationen bestimmt werden, weil JHWH als der eine Gott absolut ist. Dieses Verhältnis kann aber ebenso wenig als eine Art göttliche Relation bestimmt werden, weil der Bote kreatürlich ist. Vielmehr ist der geschaffene Bote durch JHWH einbezogen in dessen eigene Offenbarung, welche nicht von dieser Welt ist, sondern diese Welt vertikal trifft. Der geschaffene Bote wird durch diese Einbeziehung in die Selbstoffenbarung über die Grenzen dieser Welt herausgehoben, um seine Sendung im mitwirkenden Dienst an der Selbstoffenbarung JHWHs zu erfüllen, welche nicht von dieser Welt ist. Das Verhältnis des Boten zu JHWH erscheint daher ebenso als Verhältnis, das nicht von dieser Welt ist, sondern diese Welt überragt.

Kapitel 4

Wer oder was ist Gottes Bote?

Die bisherigen Annäherungen an den Boten JHWHs haben gezeigt, dass es beim Boten wesentlich um seine Sendung geht, die Botschaft JHWHs zu vermitteln und JHWH zu repräsentieren in dem Sinn, JHWH selbst, seine Offenbarung und sein Wirken erfahrbar werden zu lassen. Demgegenüber steht nicht im Fokus, wer oder was der Bote ist. Alles, was den Boten betrifft, tritt hinter diese Sendung zurück. Das Wer oder Was des Boten bleiben außerhalb der Betrachtung, weil es um den Boten eigentlich nicht geht. Dieser dient hinsichtlich des Botenseins als Mittler, als Repräsentant für JHWH und sein Wort. Der Bote erweist sich als Instrument, als Werkzeug. Keineswegs ist er selbst Gegenstand der Betrachtung.

Dennoch stellt sich die Frage, wer oder was solch ein Bote eigentlich ist, der für JHWH diese besondere Sendung erfüllt. Die alttestamentlichen Textstücke machen deutlich, dass die Rede vom Boten keineswegs einheitlich ist. In den mannigfaltigen Textstücken, die vom Boten handeln, begegnen die Boten im Kontext unterschiedlicher Sendungen. Dabei umfassen die Botendienste für JHWH ein breites Spektrum an Erscheinungformen und reichen von der Mitwirkung an der Selbstoffenbarung JHWHs beim brennenden Dornbusch, sie spielen eine Rolle in der Verheißungstradition sowie in der Exodustradition und sie begegnen bei der Erfüllung weiterer Sendungen. Nicht einmal die Bezeichnung »Bote« ist erheblich. Zuweilen ist einfach von »Männern« die Rede (Gen 18,2.16; 19,10.12).

Die Frage, wer oder was ein Bote JHWHs eigentlich ist, lässt sich von den alttestamentlichen Texten her auf vierfache Weise beantworten: Es sind Menschen wie Mose oder die Propheten, die als Gottes Boten ihre Sendung erfüllen; auch Israel als das erwählte Volk, das wie ein Knecht in Gottes Dienst steht, sowie die Kräfte der Natur treten zuweilen als Boten auf. Schließlich gibt es jene Boten Gottes, die offenkundig nicht von dieser Welt stammen, sondern bei Gott beheimatet sind. Von all jenen gilt, dass sie in ihrer jeweils konkreten Sendung im Auftrag JHWHs als dessen Boten reden und handeln.

Der Begriff des Boten JHWHs wird also weit gefasst und erstreckt sich auf all jene, die einen besonderen Botendienst im Auftrag JHWHs verrichten und in seinem Auftrag auftreten, sprechen oder handeln.

Menschen im Dienst als Gottes Bote

Oftmals sind es ausdrücklich Menschen, die JHWH als seine Boten sendet, um sein Wort, seinen Ratschluss, seine Verheißung kundzutun. Diese treten in seinem Auftrag etwa vor das Volk Israel oder vor Könige und verkünden, was JHWH ihnen aufgetragen hat.

Eine solche Sendung als Boten im Auftrag JHWHs mit einer meist sehr konkreten Botschaft kommt den Propheten zu. In diesem Sinne ist etwa Mose Prophet für JHWH, der von ihm seinen Auftrag erhält, Israel aus Ägypten herauszuführen und mit diesem Ansinnen vor den Pharao zu treten. Nicht nur der Sache nach ist Mose also Prophet, sondern er wird auch als solcher bezeichnet (Dtn 34,10). Mose ist gewissermaßen sogar mehr als ein Prophet: Num 12,6-8 charakterisiert einen Propheten, dass JHWH sich ihm kundtut in Gesichten oder Visionen oder mit ihm redet in Träumen.

Mit Mose aber redet er von Mund zu Mund; ihm ist sein ganzes Haus anvertraut.

Aaron erhält den Auftrag, durch seine Sprachgewandtheit Mose bei dessen großer Sendung zu unterstützen (Ex 4,14. 30). »Du sollst alles reden, was ich dir gebieten werde; aber Aaron, dein Bruder, soll es vor dem Pharao reden.« Aufgrund dieser mittelbaren Aufgabe wird Aaron Prophet des Mose genannt (Ex 7,1-2). Gemeinsam treten Mose und Aaron vor den Pharao und sprechen zu ihm (Ex 5,1; Ex 6,26-27).

Auch Aarons Schwester Mirjam wird als Prophetin bezeichnet, da sie die Großtat JHWHs hochpreist d.h. den Durchzug Israels durch das Meer beim Exodus aus Ägypten besingt (Ex 15,20-21) analog zum Lied des Mose zusammen mit dem ganzen Volk Israel (Ex 15,1-17). In einem ähnlichen Sinn wie Mirjam wird auch die Richterin Deborah Prophetin genannt, die Barak den Auftrag des Herrn einschärft, gegen Sisera zu Felde zu ziehen (Ri 4,4-10) und analog zu Mirjam ihr Siegeslied anstimmt (Ri 5,1-31). Eine weibliche Prophetin im Vollsinn des Wortes begegnet in Hulda (2 Kön 22,14-20), die das Wort JHWHs, eingeleitet durch das Propheten- und Botenwort »So spricht der Herr, der Gott Israels«, dem Hilkija und den anderen Männern kundtut.

Was einen Propheten ausmacht, zeigt exemplarisch die Berufung des Jeremia: »Wohin ich dich sende, dahin sollst du gehen, und was ich dir auftrage, das sollst du verkünden« (Jer 1,7). Dazu streckt der Herr die Hand aus, berührt den Mund des Propheten und legt seine Worte in dessen Mund. Der Prophet ist schon von Mutterschoß an ausersehen, geheiligt und zum Propheten bestimmt. Aufgrund der Bestimmung durch JHWH ist der Prophet gesandt, nicht aufgrund seiner eigenen Redekünste. Daher braucht er keine Furcht zu haben, denn der Herr ist mit ihm, um ihn zu retten (Jer 1,4-10). JHWH selbst erfüllt das Wort seiner Knechte, das er ihnen aufgetragen hat, und er führt aus, was seine Boten verkünden (Jes 44,26).

Der Prophet JHWHs ist also vom Wesen seiner Sendung her zugleich Bote JHWHs. Nicht nur der Sache nach, sondern mehrfach auch dem Wort nach werden Propheten als Boten JHWHs d.h. als mal'ak JHWH bezeichnet. So wird etwa Haggai sowohl »Prophet« (Hag 1,3) als auch ausdrücklich »Bote JHWHs« genannt, der dem Volk im Auftrag des Herrn »Ich bin bei euch – Spruch des Herrn« verkündet (Hag 1,13).

Beim Propheten Maleachi (Mal'aki) kommt bereits im Namen seine Sendung als Bote JHWHs zum Ausdruck. Eigentlich handelt es sich weniger um einen Eigennamen als vielmehr um die Benennung durch JHWH als »mein Bote – mal'ak-i« d.h. das Wort »Bote – mal'ak« wird hier wie an einigen anderen atl. Textstellen durch das personalpronominale Suffix »i« erweitert: mein Bote. Der erste Vers dieses Buches beschreibt als Überschrift, worum es in diesem Prophetenbuch geht: »JHWH-Wort an Israel durch meinen Boten« (Mal 1,1).

Die Botschaft der Prophetenworte erweist sich jeweils so unterschiedlich wie die Situation oder der Adressat, zu dem der Prophet als Bote JHWHs gesandt ist. Wohin JHWH ihn sendet, dorthin soll er gehen, und was er ihm aufträgt, das soll er verkünden (Jer 1,7). Bei Maleachi lautet das erste Wort »Ich liebe euch, spricht JHWH« (Mal 1,2). Prophetenworte umfassen die Zusage oder Verheißung vom Heil wie bei Deuterojesaja (Jes 40-55), dort z.B. insbesondere im Heilsorakel Jes 43,1-2, aber auch Wehe-Rufe (Jes 5,8-23; Am 5,18; Hab 2,6-20) oder Worte des Unheils (Am 7,17; 1 Kön 21,17-19; 2 Kön 1,3-4). »Immer wieder hatte der Herr, der Gott ihrer Väter, sie durch seine Boten gewarnt, denn er hatte Mitleid mit seinem Volk und seiner Wohnung. Sie aber verhöhnten die Boten Gottes, verachteten sein Wort und verspotteten seine Propheten, bis der Zorn des Herrn gegen sein Volk so groß wurde, dass es keine Heilung mehr gab« (2 Chr 36,15-16).

Außer Propheten werden vereinzelt auch Priester als Bote JHWHs bezeichnet. Mal 2,7 sieht den Priester als Boten JHWHs, konkret als mal'ak JHWH Z^{e}baoth d.h. als Bote des Herrn der Heere, worin die besondere Mächtigkeit JHWHs, seine Majestät artikuliert wird. Der Dienst als Bote besteht demnach in der Belehrung, die aus dem Mund des Priesters kommen soll. Dieser Ausspruch steht bei Maleachi im Kontext von Drohworten gegen die Priester, die abgewichen sind vom Weg des Herrn und die durch ihre Belehrung viele zu Fall gebracht haben (Mal 2,8). De facto haben diese Priester entgegen ihrer besonderen Aufgabe nicht als Boten JHWHs gesprochen, was aber ihr Amt gewesen wäre. Das Gesetz des Bundes zu verkünden und dieses zu lehren, wäre dieser Auffassung zufolge Dienst als Bote JHWHs, weil das Gesetz Gottes Wort darstellt.

Auch liegt es vom Kontext her nahe, den mal'ak-Boten in Koh 5,5 sowie jenen im Deborah-Lied Ri 5,23 als Priester zu interpretieren. In Koh 5,5 dürfte der Bote ein Priester sein, demgegenüber das Nichterfüllen eines Gelübdes bekundet wird. Der Bote in Ri 5,23 verkündet eine Art Orakel, und so dürfte es sich wohl auch in diesem Fall um einen Priester handeln.[32]

König David wird mehrfach mit dem Boten Gottes verglichen. In 2 Sam 14,17.20 beruht der Vergleich darauf, dass David als König über das Schicksal einer Magd verfügt. Da aber Gott der eigentliche Herr über das Ergehen ist, wird König David als dessen realisierender Bote aufgefasst, der als König in Gottes Auftrag handelt. Analoges gilt von Merib-Baal 2 Sam 19,28.

Der Begriff des Boten JHWHs wird ausdrücklich weit gefasst, so dass er sich auf all jene bezieht, die einen Dienst im Auftrag JHWHs beziehen; genau dies macht sein

Botensein aus. Zu einem solchen Auftrag im Namen JHWHs werden gemäß alttestamentlichem Zeugnis auch immer wieder Menschen berufen, so etwa Propheten, die im Auftrag JHWHs dessen Wort verkünden. Der Begriff selbst ist aber weiter gefasst und bezieht all jene ein, die im Auftrag JHWHs reden und handeln.

Das Volk als Gottes Bote

Bei Deuterojesaja wird das Volk Israel als Knecht JHWHs (‘aebaed JHWH) sowie als sein Bote bezeichnet (Jes 42,19).

»Knecht« (‘aebaed) bezeichnet jemanden in einer dienstbaren Position. Wie die weibliche Magd (Lev 25,44 stellt beide parallel nebeneinander) so steht auch der Knecht derart im Dienst seines Herrn und ist ihm derart zugehörig, dass er dessen Haus zugerechnet wird. Kennzeichnend ist, dass der Knecht im Dienst seines Herrn steht, diesem zugeordnet ist und unmittelbar für diesen einen Auftrag erfüllt. In Abhängigkeit davon, wer der Herr ist, kann es sich dabei durchaus um niedere Tätigkeiten handeln. Andererseits können auch hohe königliche Beamte oder führende Offiziere in ehrenvoller Weise als Knechte des Königs bezeichnet werden.

Die Tora unterscheidet bei Knechten zwischen einem Angehörigen des Volkes Israel d.h. einem Schuldsklaven, dem man keine Sklavenarbeit auferlegen darf, den man stattdessen wie einen Lohnarbeiter behandeln soll und der im Sabbatjahr freizulassen ist (Lev 25,39-43). Alle Angehörige des Volkes gelten als JHWHs Knechte, von ihm aus Ägypten herausgeführt. Davon zu unterscheiden sind ausländische Knechte, für die das nicht gilt (Lev 25,44). Diese können gekauft, verkauft oder auch vererbt werden; sie gehören zum Eigentum ihres Herrn (Lev 25,44-46).

Das Volk Israel sowie jeder Einzelne aus dem Volk gilt als Knecht JHWHs, dies freilich nicht in einem sklavischen Sinn, da JHWH sein Volk aus dem Sklavendienst Ägyptens doch eigens herausgeführt hat. Mose, König David oder die Propheten werden Knechte Gottes genannt, da diese im Auftrag JHWHs ihren besonderen Dienst verrichten.

Insbesondere im Gespräch mit JHWH oder im Gebet vor Gott (Mose: Ex 4,10; David: 1 Sam 23,10; Salomo: 1 Kön 3,6-9) ist die Selbstbezeichnung »dein Knecht« gebräuchlich. Im Tempelweihegebet preist Salomo den Herrn, der seinem Volk d.h. seinen Knechten seinen Bund und seine Huld bewahrt (1 Kön 8,23.32.36). Bei Tritojesaja werden die Glieder des Volkes sogar im Kontext des endgültigen Heils als Gottes Knechte bezeichnet (Jes 63,17).

Es ist also sehr ehrenhaft, als Knecht JHWHs bezeichnet zu werden, wie dies bei Deuterojesaja (Jes 42,19) im Hinblick auf das Volk JHWHs der Fall ist. Die Rede vom Volk Israel als Gottesknecht findet sich mehrfach bei Deuterojesaja: So etwa in der Heils- und Erwählungszusage Jes 41,8 sowie Jes 44,2; Israel soll gedenken, Gottes Knecht zu sein, zu dem er es bereitet hat: Jes 44,21; Der Herr hat sein Volk d.h. seinen Knecht erlöst: Jes 48,20.

Das Volk Israel ist Gottes Knecht, von diesem erwählt und aus Ägypten herausgeführt. So ist das Volk dem Herrn zugehörig, dem Herrn zueigen und steht in seinem Dienst wie der Knecht im Dienst seines Herrn. Aus der Perspektive der Erwählungstradition ist Abraham samt seinen Nachkommen berufen, ein Segen zu sein für die Völker (Gen 12,2-3). Die Umbenennung von Abram (»Vater erhaben«) in Abraham (»Vater der Menge«) aus Gen 17,5 zeigt bereits die Richtung von Gottes Heilsplan über die Grenzen Israels hinaus an: »Durch dich sollen alle Völker der Erde Segen erlangen« (Gen 12,3). Hierin spiegelt sich die Auffassung des Jahwisten, dass nämlich der Segen Jahwes durch Israel auch den anderen Völkern zuteil werden wird. Auch durch die Bewahrung des Gesetzes legt das Volk Israel Zeugnis ab für JHWH vor den anderen Völkern (Dtn 4,6-8). Auf diese Weise ist Israel als Gottes Bote gesandt, diesen vor den Völkern kundzutun. Von diesem Auftrag her kann Deuterojesaja in Jes 42,19 den Gottesknecht Israel zugleich als Gottes Boten (mal'ak) bezeichnen.

Naturkräfte als Gottes Bote

Analog zu der Bezeichnung des Volkes Israel als Knecht JHWHs sowie als sein Bote (Jes 42,19) werden in Psalm 104,4 die Winde als seine Boten (mal'ākāw = mal'ak mit Pronominalsuffix 3.Pers.) und die Feuerflamme als sein Diener bekundet. Psalm 104 preist JHWH für seine Größe und Pracht, indem er diesen als den einen Herrn und Schöpfer des Himmels und der Erde auf poetische Weise ausmalt.

Entsprechend antik-orientalischen Weltvorstellungen wird JHWH als über Himmel und Erde thronend gezeichnet, der sich die Wolken zum Wagen nimmt und auf den Flügeln des Sturmes daherkommt. Er verankert die Balken seiner Himmelswohnung im Wasser, er hat die Erde auf Pfeiler gegründet, auf dass sie in Ewigkeit nicht wankt; er herrscht über die Urflut, lässt Berge sich heben und Täler sich senken; er setzt allem seine Grenze und bestimmt einem jeden seinen Ort: Naturgewalten und Lebewesen aller Art. Gestirne, Urflut und Gewalten sind demzufolge keine Götter, wie ehedem in der Mythologie dargestellt, sondern sie alle sind von JHWH als dem einen Herrn geschaffen.

In dieser zentralen Aussage entspricht der Schöpfungspsalm 104 der ersten Schöpfungserzählung vom Sieben-Tage-Werk (Gen 1,1-2,4a), die in Auseinandersetzung mit den Mythen und mit der Religion Babylons korrespondierend zum Schöpfungsmythos Enūma eliš gestaltet ist. Noch sehr viel mehr aber weist Psalm 104 große Ähnlichkeiten zum Großen Sonnenhymnus des Pharao Echnaton (<Akhen-Aton: »der dem Aton dient«) aus der Zeit um 1345 v.Chr. auf. Darin stellt Echnaton den Sonnengott Aton als den einzigen Gott vor, der die ganze Welt mit allen Lebewesen geschaffen hat und der sich selbst mit eigenen Händen gebaut hat. Durch den Fokus der neuen Sonnentheologie auf die universelle Schöpfermacht Atons wird die bisher tradierte Religion und Mythologie Ägyptens obsolet gemacht, wenn auch nicht verboten, die Macht der Amun-Priester wird jedoch gebrochen.[33] Der Umzug des ganzen Hofes aus Theben in die eigens neu errichtete Stadt Achet-Aton unterstreicht diesen Bruch. Bei offiziellen Anlässen wurde während der Herrschaft Echnatons allein noch der Name des Gottes Aton angerufen (Monolatrie).

Der Schöpfungspsalm 104 greift auf den Aton-Sonnenhymnus zurück und erscheint analog gestaltet.[34] Der theologisch-kosmologische Gedanke der Schöpfung ist Israel in Korrespondenz zur Umwelt insbesondere aus dem babylonischen Exil zugewachsen. Dem Gedanken der Schöpfung kommt aber kein derart zentraler Stellenwert zu wie dem erwählenden Handeln JHWHs in der Geschichte und der Befreiung Israels aus Ägypten.[35] Der Schöpfungsgedanke flankiert und stützt das geschichtliche Handeln JHWHs, da diesem kosmisch gesehen auch die Macht zukommt, sein Heil an seinen Erwählten zu wirken.

Zugleich erfolgt in einer hymnisch-weisheitlichen Tradition eine Jahwesierung der bekannten Schöpfungsmythen wie des babylonischen Enūma eliš oder des ägyptischen Aton-Sonnenhymnus Echnatons. Diese weisen einen kosmischen Fokus auf die Schöpfungsmacht auf und unterscheiden sich insofern von der älteren jahwistischen zweiten Schöpfungserzählung Gen 2,4b-25. Die kosmische Schöpfungsmacht wird in Israel nunmehr als offenkundig real anerkannt, rezipiert, auf JHWH als den einzigen Gott bezogen und hymnisch proklamiert wie etwa im älteren Psalm 19A oder im jüngeren Psalm 104.

Himmel und Erde, alles stammt von JHWH, wie Psalm 104 nach Art einer Litanei durchdeklinierend besingt. Es gibt keine Macht im Himmel und auf Erden, die nicht von ihm her ist. Während im Glauben Israels der Fokus stets auf dem geschichtlichen Handeln JHWHs liegt, so durchaus auch bei Deuterojesaja (Jes 41,20; 42,16.25; 43,10.19; 48,6-8; 49,23; 52,6), begegnet jedoch in Jes 40,12-31 ein anderer Zugang zu JHWH, indem die Erkenntnis JHWHs durch die Schöpfung vermittelt wird: »Hebt eure Augen in die Höhe und seht: Wer hat die Sterne dort oben erschaffen? Er ist es, der ihr Heer täglich zählt und heraufführt, der sie alle beim Nehmen ruft« (Jes 40,26).

Die Geschöpfe künden ihren Schöpfer, der sich in ihnen selbst kundtut. In diesem Sinn sind sie aufgrund ihres Geschaffenseins als Boten JHWHs, des Schöpfers, in die Welt gestellt, da sie als Geschöpfe ihn in seiner Schöpfermacht darstellen und verkünden. Daher kann Psalm 104,4 auch die Winde als Gottes Boten bezeichnen.

Überirdische Wesen als Gottes Bote

Im Unterschied zu den menschlichen Boten erscheint der Bote JHWHs in zahlreichen Fällen jemand zu sein, der nicht von dieser Welt kommt. Bei der Selbstbekundung JHWHs aus dem brennenden Dornbusch ist es zunächst der Bote JHWHs, der aus der Feuerflamme in Erscheinung tritt (Ex 3,2), bevor Mose herantritt und JHWH selbst zu ihm spricht. Der Bote JHWHs initiiert das Offenbarwerden JHWHs durch eine außergewöhnliche, außermenschliche Erscheinungsform, die im brennenden, aber nicht verbrennenden Dornbusch begegnet, worin die gewöhnlichen Abläufe dieser Welt (brennen ohne zu verbrennen) überstiegen sind.

Auch der Gottesbote des Exodus ist mitnichten ein Mensch. Während Mose und mit ihm Aaron von JHWH zum Volk Israel und zum Pharao gesandt sind, um den Exodus anzukündigen und diesen anzuführen, ist es im Unterschied zu den Menschen Mose und Aaron auf einer anderen Ebene der Gottesbote, der Israel aus Ägypten de facto hinausführt (Num 20,15b-16a). JHWH sendet dem Volk Israel seinen Boten, der ihm auf dem Weg des Exodus vorausgeht, der das Volk auf dem Weg schützt, der es an jenen Ort führt, den JHWH dazu ausersehen hat und in dem JHWHs eigener Name gegenwärtig ist (Ex 23,20-21). Zuweilen ist es JHWH selbst, der dem Volk in der Wolkensäule oder in der Feuersäule vorausgeht (Ex 13,21), dann ist es sein Bote, der vorausgeht (Ex 14,19; 32,14). Im Kontrast zu Mose und Aaron erscheint offenkundig, dass dieser Bote JHWHs kein Mensch ist, sondern dass er die Macht, den Beistand und den Namen JHWHs auf einer anderen Ebene als die gesandten Menschen darstellt. Beim Schutz des Volkes Israel gegen die Völker und ihre Könige wird deutlich, dass der Bote JHWHs auf eine über den menschlichen Rahmen hinausreichende Weise den Auftrag JHWHs machtvoll zu vollziehen vermag.

Der Bote JHWHs aus der Bileam-Erzählung (Num 22) unterscheidet sich von Bileam, der seinerseits einen Auftrag von JHWH erhält. In der Höhle begegnet der Herr Bileam, er legt ihm ein Wort in den Mund und sendet ihn damit zu Balak, dem er den empfangenen Orakelspruch kundtut (Num 23). Bileam erfüllt also durchaus einen Botendienst im Auftrag JHWHs. Der Bote JHWHs hingegen, der sich Bileam in den Weg stellt und den zunächst allein der Esel zu sehen vermag, bis der Herr dem Bileam eigens die Augen öffnet, unterscheidet sich von Art und Sichtbarkeit her von einem Menschen wie Bileam. Er erscheint von anderer Art zu sein, ohne dass dies eigens ausgeführt würde, wenngleich er mit dem Schwert in der Hand in menschenähnlichen Zügen gezeichnet wird.

Stets ist der Bote JHWHs, auch wenn er nicht der menschlichen Sphäre zugehört oder nicht von dieser Welt stammt, ein »jemand«, der da spricht. Um seinem Auftrag gemäß die Botschaft JHWHs kundzutun, ist es erforderlich, dass er für den Adressaten hörbar oder auch sichtbar ist, d.h. dass er mit dem Empfänger der Botschaft auf einer gemeinsamen Kommunikationsebene steht. Auch wenn der Bote JHWHs kein Mensch ist, so muss er doch menschengemäß, menschenähnlich oder menschenkompatibel in Erscheinung treten, um für einen menschlichen Adressaten überhaupt vernehmbar zu sein. Generell aber liegt der Fokus beim Boten JHWHs stets auf seinem Botendienst im Auftrag JHWHs, niemals auf seinem Wesen, weshalb die Konturen seines Wesens, sein Aussehen oder Merkmale seiner Physis in der biblischen Darstellung keine Rolle spielen.

Regelmäßig tritt der Bote JHWHs völlig unvermittelt ins welthafte Geschehen ein. Wie bei Hanna taucht er plötzlich im Geschehen auf, vermittelt die Botschaft, die ihm aufgetragen ist, und gerät dann wieder aus dem Blick. Zuweilen initiiert der Bote die Erscheinung JHWHs, so dass der Blick der biblischen Erzählung vom Boten JHWHs zügig auf JHWH selbst übergeht, so etwa bei Mose am brennenden Dornbusch.

Dem Aufscheinen des Boten JHWHs kommt ein Moment zu, wie es bei der Selbstbekundung JHWHs gegeben ist. Daher wird dieses Aufscheinen des Boten etwa aus der Feuerflamme durch das Wort ra'ah ausgedrückt, ein Wort, worin sonst das theophane Sich-sehen-lassen JHWHs zum Ausdruck kommt (S.42). Auch die Feuerflamme ist als Erscheinungsform für JHWH in Gebrauch. Das Aufscheinen des Boten ist dem Aufscheinen von JHWH selbst zugehörig, diesem zugeordnet, vom Phänomen und von der Begrifflichkeit her an diesem orientiert. Dem Aufscheinen des Boten JHWHs, der nicht von dieser Welt kommt, eignet ein überstiegliches, transzendentes Moment. Ein solcher Bote wird dem Bereich JHWHs zugehörig wahrgenommen.

Ein solcher Bote JHWHs spricht wie dieser zu Mose aus der Feuerflamme am Dornbusch, ein solcher Bote spricht zu Jakob im Traum: Einmal, dass Jakob von Laban fortgehen und in seine Heimat zurückkehren soll (Gen 31,11). Im Hintergrund steht dabei offenbar die Jahwesierung des Heiligtums von Bet-El einschließlich der lokalen Gottheit, die nun als Bote Gottes diesem subordiniert aufgefasst wird.

Ein anderes Mal sieht Jakob im Traum (der Offenbarungstraum ist in der ugaritischen Religion wie z.B. im Keret-Epos etabliert)[36] eine Leiter, die von der Erde bis in den »Himmel« (vgl. 2 Chr 6,13: wohin Salomo seine Hände ausbreitet, um zu JHWH zu beten) reicht. Der Traum ist wohl der vorkanaanäischen Lokaltradition des Heiligtums von Bet-El zuzuordnen und unterstreicht die Heiligkeit des Ortes.[37] In diesem Traumgesicht steht am Ende der Leiter ganz oben JHWH, der Gott Abrahams und Isaaks, der zu Jakob spricht. Auf der Leiter steigen Boten Gottes (Plural) auf und nieder. Diese Boten Gottes werden am Übergang vom Himmel oben zur Erde unten lokalisiert. Sie vermögen es, vom Himmel JHWHs zu den Menschen auf Erden hinabzusteigen, um ihren Botendienst im Auftrag JHWHs zu erfüllen, und wieder zum Himmel aufzusteigen, wo ihr Botendienst seinen Ausgang nimmt. Somit werden diese als »Grenzgänger« zwischen dem Himmel als dem Bereich Gottes und der Erde wahrgenommen.[38] Offenbar werden diese Boten JHWHs dem Bereich des Himmels zugehörig empfunden und dort lokalisiert.

Insgesamt sieht der Elohist JHWH nicht allzu unmittelbar mit den Menschen auf Erden verkehren, sondern eher von der

Welt entrückt, so dass ein Himmel in die Vorstellung Eingang findet. Daher wird im Rahmen der elohistischen Redaktion das Wort des Boten häufig als »vom Himmel her« rufend vorgestellt (z.B. Gen 21,17; 22,11.15). Der Traum wird daher beim Elohisten als Zustand wahrgenommen, in dem Offenbarung geschehen kann, indem die Distanz zwischen Himmel und Erde überbrückt wird, auch vermittels der Boten.

Ebenso im Bereich zwischen Himmel und Erde sieht David den Boten JHWHs, als er die Augen hebt (1 Chr 21,16). Nachdem David das Volk verbotenerweise hatte zählen lassen und in Schuld geriet, sandte Gott einen Boten nach Jerusalem, um es ins Verderben zu stürzen; doch es reute ihn und er gebot dem Boten Einhalt. In dieser Situation sieht David den Boten zwischen Erde und Himmel stehen.

In narrativer Weise ausgemalt begegnet ein Bote JHWHs bei der Ankündigung der Geburt Simsons (Ri 13). Dieser wird von der Frau des Manoach zunächst als ein »Gottesmann« (’îš ha’elohim) wahrgenommen, weil er offenbar in menschlicher Gestalt erscheint. Ihrem Mann berichtet sie, dass der Gottesmann wie ein Bote Gottes (mal’ak ha’elohim) ausgesehen hat, nämlich furchterregend (nōrā), womit auf eine offenbar verbreitete Vorstellung von himmlischen Gottesboten rekurriert wird. Auf das Gebet des Manoach hin tritt dieser Gottesmann noch einmal auf und spricht nun mit Manoach, der jedoch nicht weiß, dass der Gottesmann Bote JHWHs ist. Der Gottesmann bleibt ohne Namensnennung, denn sein Name ist wunderbar (p̄eli: wunderbar, unerfassbar) und bleibt daher ungenannt. Dass dem Boten überhaupt ein Name zukommt, weist wie auch die Tatsache der narrativ sehr ausgestalteten Botenerzählung insgesamt hin auf eine spätere Entwicklung. Gottes Boten wird dabei eine ausgeprägte Kontur ihrer Persönlichkeit zuteil, so dass der Gottesbote in dieser Erzählung als handelnde Person in

Erscheinung tritt. Zugleich werden die Gottesboten im Himmel beheimatet lokalisiert.

Eine Einladung zum Essen lehnt der Bote ab. Anstelle des Essens regt dieser ein Brandopfer an. Als die Flamme vom Altar zum Himmel aufsteigt, steigt der Bote JHWHs in der Flamme mit empor und ward nicht mehr gesehen. Die Erzählung zeigt also einen himmlischen Gottesboten, der in Menschengestalt in Erscheinung getreten ist und nach vollbrachtem Auftrag in den Himmel zurückkehrt.

Kapitel 5

Vorstellungen von überirdischen Wesen an einem himmlischen Königshof

Bereits vorexilisch findet sich in Israel die Vorstellung von einem »Kreis« oder einer Art Ratskollegium (hebr. sôd) bestehend aus all jenen, die um JHWH im Himmel versammelt sind, ihm dienen und ihn lobpreisen. Das Verständnis vom Boten JHWHs wächst im Glauben Israels, im Zusammenhang mit der Assimilierung des Gottes El, mit den semitischen weltanschaulichen Vorstellungen von einem Götterhimmel zusammen, wobei diese Vorstellungen jahwesiert werden. Der Bote JHWHs wird in diesem Kontext zunehmend als ein im Himmel lebendes Wesen im Kreis anderer himmlischer Wesen interpretiert, welche später im hellenistisch geprägten Judentum in der griechischen Septuaginta zusammenfassend als »angeloi – Engel« bezeichnet werden. Auch im äthiopischen Henochbuch findet sich eine solche übergreifende, einheitliche Benennung für die zahlreichen Typen von himmlischen Wesen. Im hebräischen biblischen Kanon hingegen existiert keine derartige zusammenfassende Bezeichnung.

Ursprünge und Rezeption von Vorstellungen über einen himmlischen Königshof

Die Vorstellung von einem himmlischen Hof analog zum Königshof eines orientalischen Großkönigs findet sich bereits zur Bronzezeit in der El-Religion im Großraum Kanaan, und keineswegs nur dort. Schon bei den Sumerern, der ältesten schriftlich fassbaren Religion in Mesopotamien, bildet der höchste Gott AN als der Vater von allem Göttlichen (Dingir), darunter Schöpfungs-, Himmels, Erd- und Gestirnengötter, zusammen mit den Größten der Götter eine Art Rat, die »Anunna« (sumerisch: ^{DINGIR}A.NUN.NA), die über schicksalhafte Entscheidungen wie etwa über die Schöpfung der Menschen befindet. Auch unterhalb der Anunna werden weitere Götterversammlungen z.B. von Landes- oder Lokalgottheiten angenommen. Die Verehrung von einem höchsten Gott, der in der himmlischen Versammlung den Vorsitz einnimmt und dem alle übrigen Götter untertan sind, zeigt bereits den Übergang von einem Polytheismus aus Naturmächten hin zu einem alles überragenden Gott, der diese Mächte beherrscht (Henotheismus).

Auch die babylonische Religion, die sich nach Mitte des 2. Jahrtausends v. Chr. von der sumerischen löst, verbunden mit der Aufwertung Marduks, des Stadtgottes von Babylon, zum höchsten Gott anstelle von Anu, kennt eine himmlische Ratsversammlung. Die assyrische Religion verhält sich analog zur babylonischen, wobei in der assyrischen Mythologie Aššur als höchster Gott anstelle von Marduk steht. Auch die Phönizier kennen eine »Versammlung von heiligen Göttern« oder einen »Kreis der Göttersöhne«.[39]

Die ugaritische Religion und Mythologie aus der Zeit um 1500–1200 v. Chr. wurzelt in der sumerischen und akkadischen. El wird in Ugarit als der höchste Gott verehrt. El hat zahlreiche Götter gezeugt, er gilt als der Schöpfer der Geschöpfe[40] und als Vater der Menschen.[41] Nach ugaritischer Vorstellung versammeln sich von Zeit zu Zeit auf dem Berg Ll[42] viele der Götter um El wie um ihr Familienoberhaupt oder ihren Gott-König.[43] Auch Ba'al, dem ein großer Teil der ugaritischen Mythologie gewidmet ist, wird in diese Götter-Großfamilie um El hinein assimiliert und diesem subordiniert. So muss Ba'al etwa eigens die Erlaubnis von El einholen, um den Meeresgott Yam zu töten. Die um El versammelten Götter tragen Eigennamen und mit einem jeden von ihnen werden konkrete mythologische Erzählungen verbunden.

In diesem Gebiet »Kanaan« d.h. inmitten der semitischen Lebens-, Denk- und Sprachwelt, die aus der ugaritischen hervorgeht und von dieser mit geprägt ist, zusätzlich zu den nach Kanaan eingewanderten nomadischen Gruppen aus Syrien, Mesopotamien und dem Sinai, entsteht Israel als Volk und als Staat. Dies erfolgt historisch gesehen de facto – entgegen einer abseits der Exegese verbreiteten Vorstellung – nicht überwiegend durch Zuwanderung von außen, sondern in der Breite eher von innen heraus,[44] wenn auch unter Zuwanderung etwa der für dem JHWH-Glauben sehr bedeutsamen Exodus-Gruppe aus Ägypten.

Aus diesem besonderen Verhältnis zwischen Israel und Kanaan resultiert einerseits eine bis ins Polemische reichende scharfe Abgrenzung gegen die Bewohner Kanaans; andererseits besteht ein enger gewachsener Zusammenhang zwischen Israel und Kanaan, aus dem Israel hervorgeht, wie Ezechiel für damalige Ohren durchaus politisch unkorrekt unterstreicht: »Deine Herkunft und deine Abstammung sind aus dem Land der Kanaanäer; dein Vater war ein Amoriter und deine Mutter eine Hethiterin« (Ez 16,3).

Das alte Deboralied besingt JHWH nach siegreicher Schlacht und erwähnt dabei eigens die Könige Kanaans, die in ihrem Kampf erfolglos bleiben (Ri 5,19). Der Jahwist grenzt in den Noahsprüchen Israels Vorvater und Noahsohn Sem gegen dessen Bruder Ham, den Vater Kanaans, ab, und er lässt Noah Kanaan verfluchen (Gen 9,18-25).

Auf der anderen Seite geht Israel in und aus Kanaan hervor, es teilt mit den übrigen Bewohnern Kanaans die Sprach- und Kulturfamilie und auch die grundlegende Sicht auf die Welt. Auch einzelne Vorstellungen (z.B. Weltbild, Himmel), Attribute (z.B. Schöpfer) oder Ortsheiligtümer aus früheren lokalen El-Verehrungen (z.B. El-Roï bei Hagar,

Berg der Opferung Isaaks, Machanajim) werden in den JHWH-Glauben hinein assimiliert.[45] Die JHWH-Verehrung assimiliert Eigenschaften, die El zugeschrieben waren,[46] wie etwa in einem Zelt zu wohnen (Ex 33,7) oder als Vater angesehen zu werden (Dtn 32,6)

In der Exodus-Tradition findet sich der Gedanke, dass JHWH vor der Selbstoffenbarung seines Namens den Vätern als El-Schaddaj bekannt gewesen sei und unter diesem Namen von ihnen verehrt worden sei (Ex 6,3). Die Erzväter- und Verheißungstradition sieht Abraham in der Begegnung mit Melchisedek, dem König von Jerusalem und Priester des »höchsten El« (El-Aeljon), an die El-Tradition anschließen (Gen 14,18-20); zudem sieht sie Jakob einen Altar errichten für El, den Gott Israels (’êl ’ĕlōhê yiśrā’êl; Gen 33,20).

Bei diesen Assimilierungsprozessen geht es hauptsächlich um einzelne Aspekte der El-Verehrung, keineswegs um die El-Religion als ganze in ihrer ugaritischen Vollform. Seit dem Vordringen der Seevölker und der Zerstörung Ugarits zwischen 1194 und 1185 v. Chr. verliert die El-Religion in der Fläche an Bedeutung, besteht jedoch insbesondere lokal fort, in teilweise verblasster Form, so dass »El« in der semitischen Sprachfamilie sich zur Bezeichnung für Gott überhaupt wandelt.

Die semitische Lebenswelt mit ihren weltanschaulichen Vorstellungen bildet den Kontext für Israel. Zunächst wird die Existenz der fremden Götter nicht geleugnet, sondern lediglich ihre Verehrung eingeschränkt und erst später verboten (Ex 20,3; Dtn 5,7). Dahingehende Übergänge markieren die Kultkritik des Propheten Hosea (8. Jhd.v.Chr.), die Religionsreform unter König Joschija (639-609) sowie die Exilszeit.

Mit der schleichenden Assimilierung vormaliger Ortsheiligtümer einschließlich ihrer Überlieferung und mit ihrer Jahwesierung geht die Subordination der fremden Götter und der (Natur-) Mächte einher, die nun als JHWH untergeben angesehen werden. Damit verbunden verlieren diese zuvor verehrten Gottheiten ihr mythologisches Eigenprofil, ihre Persönlichkeit und Handlungsmacht. Die fremden Götter werden in Israels Vorstellung zu unbedeutenden Dienern JHWHs, die um dessen himmlischen Königsthron stehen.

Königsherrschaft Gottes und himmlischer Hof

Psalm 82 setzt mit der Szenerie einer Gottes-Versammlung (‘ăddat-’êl) ein, ähnlich der Anunna nach ugaritischer oder kanaanäischer Vorstellung, einer Art Ratsversammlung des höchsten Gottes inmitten der übrigen Götter, die ihm alle untergeben sind. In einer solchen himmlischen Versammlung steht der Gott Israels (’elohim) auf und hält Gericht über die anderen Götter, die ebenfalls als ’elohim bezeichnet werden (Ps 82,1). Im Unterschied zur Anunna zeigt die jahwesierte Vorstellung einer solchen Gottesversammlung die anderen »Götter« aber nur noch macht- und profillos. Der Gott Israels spricht das Urteil über die anderen Götter und vereint auf sich allein alle Macht (Ps 82,7), welche die kanaanäische Mythologie diesen Göttern zugedacht hatte. Die Götter aus den Völkern Kanaans werden als JHWH untergeordnet dargestellt, ihm untergeben und subordiniert.

Macht und Königtum JHWHs werden universell ausgelegt. JHWH ist ein großer König, König über alle Götter (Ps 95,3), König der Völker (Jer 10,7), König über die ganze Erde (Ps 47,3; 48,3). Auch die Macht über die Naturgewalten sieht Israel von den Mächten auf JHWH übergegangen. Ps 29 besingt, wie JHWH als König für immer über allem thront (Ps 29,10). JHWH thront über der Flut, seine Stimme sprüht flammendes Feuer und lässt die Wüste beben. Sein Königtum umfasst die Herrschaft des Alls (Ps 103,19). Der Herrschaftsbereich JHWHs erreicht eine universelle Dimension (Ps 47; 93; 96; 97; 99). In dieser Hinsicht kann der Psalmist bekennen, das JHWH seinen Thron errichtet hat im Himmel (Ps 103,19). Er allein ist der »König der Herrlichkeit« (Ps 24,10).

Der eine Gott Israels ist der »Gott der Götter« ('elohe ha'elohim Ps 136,2), er, der den Himmel geschaffen hat, die Erde, Sonne, Mond und Sterne; er, der Israel aus Ägypten herausgeführt hat, den Pharao ins Meer stürzte und Israel beisteht auf seinen Wegen (Ps 136). Daher soll Israel keinen fremden El verehren und sich vor keinem ausländischen El niederwerfen, weil es kein anderer als JHWH ist, der Israel aus Ägypten geführt hat (Ps 81,10). Im Exodus liegt eine exklusive, persönliche Bindung Israels an JHWH begründet, weil JHWH Israel erwählt und zu seinem Volk gemacht hat, das ihm persönlich gehört.

Ps 89,6 unterstreicht, wie sehr niemand im Himmel mit JHWH zu vergleichen ist. Der umliegenden Verse 5 und 7 [6.8] sprechen von einer himmlischen Versammlung. V5 bezeichnet diese als Versammlung (qahal) der Heiligen, die JHWH ob seiner Treue preist. V7 spricht vom Ratskollegium (sôd), das den Gott Israels ('êl) fürchtet, der verehrt wird von allen, die ihn umgeben. 1 Kön 22,19b-20 zeichnet aufgrund einer himmlischen Vision das Bild von einer versammelten himmlischen Heerschar rechts und links von JHWH, der auf dem Thron sitzt, so dass sich der Eindruck von einer Art himmlischem Hofstaat ergibt.

Seraphim

In ähnlicher Weise nach Art eines himmlischen Hofstaats wird die Vision bei der Berufung des Propheten Jesaja in Jes 6 dargestellt. In der Vision sieht Jesaja den Herrn ('ădōnāj), wie dieser in königlicher Weise auf einem hohen und erhabenen Thron sitzt. Umgeben ist er dabei von Wesen eines ganz eigenen Typs, die Seraphim genannt werden und die innerhalb des AT nur an dieser Textstelle Jes 6,2-7 in dieser Form Erwähnung finden.

Von der Wortbedeutung her werden die Seraphim (ṣ^{ə}rāfîm) »die Brennenden« genannt (»ṣārāf« –»brennen«). In Num 21,6 werden die Schlangen, die JHWH dem murrenden Volk in der Wüste zumutet, ebenfalls als »feurig« bezeichnet. Nach der Reue des Volkes soll Mose eine eherne Schlange auf einem Stab aufrichten, auf dass alle, die gebissen werden, aber zu diesem Schlangen-Rettungszeichen aufblicken, am Leben bleiben. Diese eherne Schlange wird in Num 21,8 schlicht »ṣārāf« genannt. Weish 16,6 bezeichnet diese Moseschlange als rettendes Zeichen.

Im Palästina der Bronzezeit wurden Schlangen mit numinosen Mächten in Verbindung gebracht, wie Ausgrabungen in Hazor und Timna zeigen. Aus Ägypten ist die Uräusschlange, eine schwarznackige, Gift (Feuer) sprühende Kobra, die mit zwei Flügeln dargestellt wird, als Schutzattribut von Göttern und Königen bekannt. Auch in judäischen Siegeln findet sich dieses Schlangenmotiv, allerdings mit vier Flügeln; es markiert den Schutz des darunter stehenden Namens. König Hiskia von Jerusalem zerschlug im Rahmen seiner Reform, die auf die alleinige Verehrung JHWHs abzielte, neben anderen Bildnissen auch die eherne Schlange (2 Kön 18,4), die als Kultgegenstand im Tempel aufbewahrt und dort Nehuschtan genannt wurde.

Von einer fliegenden Feuerschlange (ṣārāf) ist in Jes 14,21 die Rede. Diese Vorstellung könnte wiederum mit der schwarznackigen Kobra in Verbindung stehen, die auf Bäume springen oder zwischen Bäumen springen kann, was den Anschein des Fliegens erweckt. Auch bei der Bezeichnung der himmlischen Wesen als Seraphim aus Jes 6 könnte die schwarznackige Kobra mit ihrer Sprungfähigkeit sowie die ägyptische Uräusschlange aufgrund ihrer kultischen Bedeutung als machtvolles göttliches Attribut eine Rolle spielen.

Die Seraphim aus der Vision Jes 6,2-7 werden allerdings nicht als Schlange, sondern als eine völlig eigene Art von Wesen dargestellt. Jeder der Seraphim besitzt sechs Flügel: Mit zweien bedecken sie ihr Angesicht, mit zweien ihre Füße und mit zweien fliegen sie und schweben über dem Thron JHWHs. Die Seraphim sind also keine menschenartigen Wesen, auch wenn sie eine Hand haben, ein Antlitz und auf eigenen Füßen stehen können, sondern es handelt sich um Wesen gänzlich eigenen Typs. In einer späteren Kuppeldarstellung in der Hagia Sophia werden die Seraphim gänzlich aus Flügeln bestehend gezeichnet.

In diesem Schwebezustand des Fliegens und zugleich des Stehens in größter Nähe zu JHWH besteht der Vollzug der Seraphim aus der Jesaja-Vision wesentlich darin, JHWH zu lobpreisen. Der Lobpreis manifestiert sich in der dreifachen »Heilig«-Anrufung (Trishagion, Sanctus-Akklamation) an JHWH Z^e^baoth, den Herrn der Heere (S.77), von dessen Herrlichkeit (kābôd) die ganze Erde erfüllt ist.

Diese Herrlichkeit (kābôd) umfasst von der Grundbedeutung »schwer sein« her Attribute wie Gewichtigkeit, Würde sowie die Wucht der Erscheinung JHWHs aus seinem Offenbarsein. Zur Vorstellung von der Herrlichkeit Gottes finden sich Entsprechungen in den altorientalischen Religionen, so etwa bei den Sumerern die Vorstellung vom Schreckensglanz (melim) einer Gottheit oder die göttliche Glorie bzw. göttliche Aura (melammu) im Akkadischen, die wie eine Krone oder ein prachtvolles Gewand angelegt wird. Eine Entsprechung dazu findet sich in der Jesaja-Vision, dass der Saum des Gewandes des Herrn, der auf dem Thron sitzt, den Tempel ausfüllt (Jes 6,1). Eine Assimilierung der Herrlichkeitsauffassung aus der kanaanäischen El-Verehrung findet sich in Ps 19,2: kābôd 'êl.

Diese Herrlichkeit JHWHs »wohnt« einerseits im irdischen Tempel in Jerusalem (Ps 26,8), seinem irdischen Thron, der bis hinauf reicht in den Himmel, wo die Jesaja-Vision JHWH auf seinem hohen und erhabenen Thron sitzen sieht. Die Jesaja-Vision zeichnet diesen Ort des himmlischen Thronens JHWHs nach Art eines himmlischen Tempels (Jes 6,2.4), der von der Herrlichkeit JHWHs auf dem Königsthron, ja allein schon vom Saum seines Gewandes ausgefüllt wird und der sich bei der Heilig-Akklamation der Seraphim mit (Weih-)Rauch füllt. Mit diesem Bild der universellen, absoluten Herrlichkeit JHWHs korrespondiert die Heilig-Akklamation der Seraphim.

Wie die Heilig-Akklamation der Seraphim unterstreicht, besteht die geschöpfliche Antwort auf Gottes Herrlichkeit insbesondere darin, JHWH Lob und Ehre darzubringen, ihn anzubeten, sein Königtum kundzutun und von seiner Herrlichkeit zu erzählen (Ps 96,3.7-10). Die zu erwartende Zeit des Heils ist dadurch charakterisiert, dass die Herrlichkeit JHWHs universell offenbar sein (Jes 4,5) und alles Fleisch sie sehen wird (Jes 40,5). Von dieser Herrlichkeit JHWHs ist die ganze Erde erfüllt, wie es die Seraphim besingen (Jes 6,3; vgl. Ps 57,6.12; 72,19).

JHWH Zebaoth – der Herr der Heerscharen

1 Kön 22,19b-20 stellt im Kontext der Vorstellungen von einem himmlischen Königshof eine Thronszene in Gestalt einer himmlischen Versammlung aus der Perspektive einer Vision dar: »Ich sah JHWH auf seinem Thron sitzen, das ganze Heer [ṣ^əbā] des Himmels stand zu seiner Rechten und zu seiner Linken.« JHWH wird in dieser Perspektive dargestellt als der universale Herr auf dem Königsthron, dem himmlische Heerscharen untertan sind. Diese Sichtweise auf

JHWH geht einher mit dem Attribut Zebaoth, das dem Gottesnamen JHWH beigestellt wird.

Zebaoth [ṣəbā'ôt] begegnet im AT 285 mal als Attribut zum Gottesnamen in der Form JHWH Zebaoth, davon 82 mal bei Jeremia, 56 mal bei Proto-Jesaja (Jes 1-39), ebenso in den Abschnitten über Elija und Elischa (1 Kön 18,15; 1Kön 19,10.14; 2Kön 3,14) sowie in der Erzählung von David und Goliath.

Erstmals begegnet JHWH Zebaoth in 1 Sam1,3.11 in Verbindung mit dem Heiligtum in Schilo. Im Kampf gegen die Philister lässt Israel die Bundeslade von »JHWH Zebaoth, der über den Cherubim thront,« aus Schilo holen (1 Sam 4,4; 2 Sam 6,2), wobei das Motiv von JHWH, der auf den Cherubim thront, der Jerusalemer Zionstradition entstammt und sich von dort aus mit der Tradition der Bundeslade in Schilo verbunden hat.

Die Bezeichnung Zebaoth (ṣᵊba'ôt) geht auf ein ägyptisches Gottesattribut »Der auf dem Thron sitzt«, in Umschrift: ḏb3.tj, zurück (z.B. bei Osiris). Die ägyptische Zeichenfolge ḏb3.tj findet ihre genaue Entsprechung in der hebräischen Buchstabenfolge (ohne Vokale) ṣb'wt. Diese lautet später nach der Vokalisierungsentwicklung der Eisenzeit auf Hebräisch gesprochen ṣᵊba'ôt – Zebaoth (Plural femininum von ṣaba' – Heer/Heerschar) und findet in der Bezeichnung »Der auf den Cherubim thront« bzw. »Cherubimthroner« ihre jahwesierte Entsprechung zum ägyptischen Gottesattribut.[47]

Für Schilo ist bereits in der Bronzezeit ein kultisches Zentrum auszumachen. Dabei stand Schilo wie auch andere Regionen Kanaans für lange Zeit unter ägyptischem Einfluss. Der Hoheitstitel Zebaoth ist aus dem ägyptischen Kultbereich assimiliert worden. Auch für die Bundeslade als Symbol der Gegenwart JHWHs ist eine ägyptische Entsprechung auszumachen.

Die Heerscharen, an die das Attribut JHWH Zebaoth anknüpft, beziehen sich z.B. in 1 Sam 17,45 auf die (irdischen) Streitkräfte Israels. David entgegnet Goliath, der mit Schwert, Speer und Sichelschwert zum Kampf anrückt, dass er, David, »im Namen von JHWH Zebaoth, des Gottes der Schlachtreihen Israels« kommt. Explizit wird JHWH Zebaoth also auf den bevorstehenden militärischen Kampf bezogen, wobei die Schlachtreihen Israels nicht als ṣ^{ə}bā (Heer), sondern mit einem anderen Begriff (ma'ar^{ə}khôt) bezeichnet werden. Auch die Bundeslade, das Symbol für die Gegenwart JHWHs unter seinem Volk, steht in diesem Erzählstück im Zusammenhang mit dem Kampf und wird hierzu eigens aus Schilo herbeigeholt.[48]

Das Attribut Zebaoth als Beiname für JHWH steht in einem nächsten Schritt dann für himmlische Heerscharen, zu denen Gestirne, Mächte sowie die unter JHWH subordinierten mythischen Gottheiten aus Kanaan gezählt werden. Die eigentliche theologische Aussage dabei besteht allerdings darin, dass alle existierenden Mächte, auch jene, die von anderen Völkern als Götter verehrt werden, sofern sie existieren, JHWH untergeben sind. Meist wird das Himmelsheer jedoch mit einem anderen Wort, haššamajim, bezeichnet (Ps 103,21; 142,2).

Schließlich übersteigt die Bedeutung von JHWH Zebaoth den Bezug auf konkrete irdische oder himmlische Heerscharen und zielt auf die Allmacht JHWHs ab, die mit dem Gebrauch dieses Hoheitstitels in Verbindung mit dem Gottesnamen akzentuiert wird. Die feminine Pluralendung »oth« in Zebaoth ist dabei als Abstraktplural zu verstehen. »Zebaoth« (ṣ^{ə}ba'ôt) akzentuiert insofern die Macht, Hoheit und Majestät JHWHs, seine universelle Königsherrschaft und seine universale Allmacht.

Die Rede von himmlischen Heerscharen steht in erster Linie im Dienst an dieser theologischen Aussage über JHWH und bezieht die existierenden Vorstellungen aus dem Glauben Israels in dieses Bekenntnis an JHWH ein. »Wer ist der König der Herrlichkeit? JHWH Zebaoth, er ist der König der Herrlichkeit (kābôd)« (Ps 24,10). JHWH allein ist der universale Herr auf dem Königsthron, dem alles auf Erden sowie im Himmel untertan ist, wie es 1 Kön 22,19b mit Blick auf das ganze Heer des Himmels zum Ausdruck bringt, das zentriert um JHWHs Thron zu seiner Rechten und zu seiner Linken versammelt ist.

Cherubim

Mehrfach im AT wird JHWH gepriesen als der, der auf den Cherubim thront (z.B. Ps 80,2). Diese Sichtweise ist verbunden mit dem Verständnis von JHWH als dem Gott auf dem Zion, der den Zion erwählt hat (1Kön 11,32.36; 14,21), auf dass sein Name dort wohnt (2 Kön 21,7; Dtn 12,5.21; Ps 132,13) auf seinem heiligen Berg (Ps 2,6; 9,12; 68,17). Daher ist der Zionsberg JHWH zueigen, so dass Jerusalem unter seinem besonderen Schutz steht. Israel verdankt es JHWH, dass Jerusalem u.a. der Belagerung der Assyrer im Jahre 701 v.Chr. standhalten konnte und gerettet wurde. JHWH, der groß und hocherhaben ist auf dem Zion, so dass die Erde vor seiner Macht und Herrlichkeit erbebt, er ist König, er thront auf den Cherubim (Ps 99,1-2).

Hiskia, König von Juda 725-696 v.Chr., d.h. in einer Zeit, als nach dem Untergang des Nordreiches 720 v.Chr. die Bedeutung Jerusalems zunimmt, betont die Allmacht JHWHs, wenn er zu ihm betet: »JHWH, Gott Israels, der du auf den Cherubim thronst, du allein bist Gott über alle Königreiche auf Erden« (2 Kön 19,15).

JHWHs Wohnstatt wird einerseits im Himmel verortet, andererseits zugleich aber auch auf Erden in seinem Heiligtum inmitten seines erwählten Volkes.

JHWH thront im Himmel (Ps 2,4; 123,1), wo er wohnt und als König herrscht, mit Hoheit und Pracht bekleidet ist, sich in Licht hüllt wie in ein Kleid, den Himmel aufspannt wie ein Zelt, sich die Wolken zum Wagen nimmt oder lodernde Feuer zu seinen Dienern (Ps 104,1-4). Vom Himmel aus schaut er auf die Erde herab (Ps 33,13-14; 102,20). Zugleich thront und wohnt JHWH aber auch auf dem Zion (Ps 9,12; 132,13-14) und ist im dortigen Tempel gegenwärtig, wo er seinen Namen wohnen lässt (Dtn 12,11; 14,23; 16,2.6 .11).

Zwischen JHWHs himmlischer und seiner Gegenwart auf Erden besteht eine Verbindung. »Der Herr weilt in seinem heiligen Tempel, der Thron des Herrn ist im Himmel« (Ps 11,4). JHWHs irdischer Thron in seinem Heiligtum auf dem Zion ragt zugleich empor bis in die Höhen des Himmels (Ps 78,68-69) bzw. von dort herab, so dass der Himmel sein Thron ist und die Erde der Schemel für seine Füße (Jes 66,1). Wenn das Volk an der irdischen Stätte betet, wird es im Himmel gehört (1 Kön 8,30.43.49; 2 Chr 6,21.33). JHWH wohnt in seiner Allmacht im Himmel und ist zugleich in seiner helfenden Nähe auf Erden inmitten seines Volkes gegenwärtig.

Weil JHWH im Himmel wohnt, ist er auf Erden nicht nur im Tempel gegenwärtig, sondern kann auch an jedem anderen Ort gegenwärtig sein. Jakob erkennt aus seinem Traumerlebnis mit der Himmelsleiter, auf der Boten Gottes auf- und niedersteigen, dass JHWH an diesem konkreten Ort gegenwärtig ist, dieser Ort wie ein Tor zum Himmel anzusehen ist, so dass er diesem Ort den Namen Bet-El d.h. Gotteshaus verleiht (Gen 28,16-19).

Die Jesaja-Vision bei dessen Berufung zeigt JHWH auf seinem hohen und erhabenen Thron im Himmel sitzen, während der Saum seines Gewandes den Tempel auf Erden ausfüllt (Jes 6,1).

Dass JHWH auf den Cherubim thront, bezieht sich sowohl auf dessen himmlische als auch auf seine irdische Gegenwart. Die Bundeslade wird verehrt als Symbol für die Gegenwart von JHWH Zebaoth, der über den Cherubim thront, inmitten seines Volkes (1 Sam 4,4a). Über der Bundeslade ist der Name von JHWH Zebaoth ausgerufen, der über den Cherubim thront (2 Sam 6,2).

Bereits altorientalisch sind die Cherubim verbreitet bekannt als Wesen eigenen Typs, dargestellt als Mischwesen mit Menschenkopf, Löwenkörper und Flügeln ähnlich den ägyptischen Sphinx. Dieser kombinierte Mischwesen-Charakter deutet hin auf ihre erhebliche Macht. Zwei Aufgaben werden bei den Cherubim insbesondere gesehen: die eines Wächters und die eines Thron-Trägers.

Als Wächter begegnen die Cherubim in der Erzählung vom paradiesischen Sündenfall, wie sie nach der Vertreibung des Menschen aus dem Garten Eden im Auftrag JHWHs mit dem feurigen, blitzenden Schwert den Zugang zum Baum des Lebens absichern (Gen 3,24). In ähnlicher Funktion finden sich Darstellungen von Cherubim als Wächter an den Toren assyrischer und babylonischer Paläste.

Wesentlich ausgeprägter findet sich im AT der Zusammenhang zwischen den Cherubim und dem Thron JHWHs. Ausgehend von der Auffassung, das JHWH auf den Cherubim thront, wird die Bundeslade mit den Cherubim in Verbindung gebracht, die ähnlich einem Fußschemel JHWHs seinem himmlischen Thron zugeordnet ist.

Die Bundeslade ist derart gestaltet, dass auf der Deckplatte an beiden Enden je ein Cherub figürlich dargestellt ist, die mit einander zugewandten Gesichtern die Flügel nach oben ausbreiten und die Deckplatte beschirmen (Ex 25,19-20). Das Zeltheiligtum während des Exodus besteht aus zehn Zelttüchern mit Cherubimdarstellungen (Ex 26,1). Der aus Stein erbaute Tempel Salomos enthält auf der Zedernholzverkleidung im Inneren Schnitzereien von Cherubim (1 Kön 6-7). Auch wird ein Prachtvorhang als Abtrennung zwischen den Bereichen des Heiligen und des Allerheiligsten erwähnt, der mit Cherubimdarstellungen bestickt ist (2 Chr 3,14), was aber wohl einer rückprojizierten Vorstellung aus der Inneneinrichtung des zweiten Tempels entspricht. Das Innere des Allerheiligsten ist ausgestattet mit zwei 10 Ellen hohen und 5 Ellen breiten Cherubimfiguren (1 Kön 6,23–28), die als irdischer Thron JHWHs, der auf den Cherubim thront, aufgefasst werden. Die Bundeslade ist unterhalb dieser Cherubim aufgestellt (1 Kön 8,6-9).

Analog zum Thron findet sich JHWH sitzend auf den Cherubim und fliegt sogar auf ihnen wie auf einem Transportmittel (2 Sam 22,11; Ps 18,11). Dass die Cherubim Flügel besitzen, was 22 mal im AT Erwähnung findet, unterstreicht ihre Mobilität auch zwischen den Sphären des Himmels und der Erde. Die Flügel dienen zugleich auch dem Schutz. So ist es ein geflügeltes Wort, unter JHWHs Flügeln Schutz zu suchen und zu finden (Ps 36,8; Ps 63,8; Ps 91,1-4). Die Darstellungen der geflügelten Cherubim im Tempel symbolisieren auf ihre Weise, im Tempel den Schutz JHWHs zu finden.

Kapitel 6

Nachexilische Entwicklungen der jüdischen Engelvorstellungen

Die geistige Auseinandersetzung seit dem Exil mit den religiösen Anschauungen der Babylonier, der Perser, des Hellenismus sowie mit ägyptischen oder orientalischen Vorstellungen führt zu einem verstärkten Ausbuchstabieren der bereits existierenden jüdischen Auffassungen über die Welt himmlischer Wesen, eine Auseinandersetzung, die ihre Richtschnur jedoch im Glauben an JHWH als den alleinigen Gott findet. Der Begriff »Engel« begegnet erst in spätjüdisch-hellenistischer Zeit als neuer generalisierender Ausdruck für die diversen Arten von himmlischen Wesen. Die Bezeichnung »Engel« findet sich in der griechischsprachigen Septuaginta sowie im Henochbuch und kann sich fortan auf Dauer fest etablieren.

geschichtlich bedingte Verschiebungen im jüdischen Weltbild

Die Erfahrung der Zerstörung des salomonischen Tempels in Jerusalem durch die siegreichen Babylonier und die Erfahrung der Deportation der (Oberschicht-)Bevölkerung nach Babylon ins Exil bringt eine Verschiebung im Weltbild mit sich. Die Gottesverehrung Israels löst sich notgedrungen von der Bindung an den Tempel. JHWH wird nun ortsunabhängig verehrt als der im Himmel thronende Gott, dem die universale Herrschaft zukommt, weil er nunmehr als der alleinige Gott geglaubt wird, so dass ein strikter Monotheismus erreicht ist. Das deuteronomistische Tempelweihegebet 1 Kön 8,22-53 unterscheidet zwischen Gott selbst, der im

Himmel wohnt und dem Namen Gottes, der in besonderer Weise im Tempel gegenwärtig ist. Die Priesterschrift sieht die »Herrlichkeit« JHWHs als den Modus, wie dieser auf Erden gegenwärtig ist.

Mit Bezug auf ein altes Prophetentextstück Jes 6,14 spricht Trito-Jesaja 57,15 vom auf ewig in heiliger Höhe thronenden Gott, dessen Name »der Heilige« ist und der aus dieser himmlischen Über-Position zugleich auch allen diesseitig in Not befindlichen Frommen nahe ist. So wird der Glaube an JHWH und seine Allmacht und Treue angesichts der Erfahrung der irdischen Not neu interpretiert. Diese Not bezieht sich über die Erfahrung des babylonischen Exils hinaus auch auf die Zeit nach der Rückkehr seit 538 v. Chr. unter fortwährender Fremdherrschaft, zunächst unter den Persern, die 539 v.Chr. Babylon einnahmen, die aber wiederum von Alexander d.Gr. besiegt werden, sowie unter den ägyptischen Ptolemäern (301-200 v. Chr.) und den syrischen Seleukiden (198-141/129) bis hin zu den Römern.

Diese Wechselwirkungen mit fremden Kulturkreisen führen zur Auseinandersetzung mit deren Weltbildern und mit deren religiösen Vorstellungen. Inwiefern derartige Vorstellungen wie z.B. über die vielfältigen Rollen von Mittlerwesen oder über apokalyptische Motive oder über Paradigmen wie z.B. die Frage nach dem Geschaffensein der Welt assimiliert werden und in welcher Form dies geschieht, findet seine Grenze und sein Maß vom JHWH-Glauben her.

So spiegelt etwa die Schöpfungserzählung vom Sieben-Tage-Werk die Auseinandersetzung mit den Schöpfungsmythen und mit der Religion Babylons und ist analog zum Schöpfungsmythos Enūma eliš gestaltet in einer an den JHWH-Glauben adaptierte Form. Nach der Einnahme Babylons durch die Perser führen der Kontakt und die Auseinandersetzung mit der persischen Geisteswelt insbesondere mit dem Zoroastrismus etwa zur Beflügelung von Vorstellungen über himmlische Mächte, nicht aber zu einer Übernahme von dessen dualistischem Weltbild.

Insgesamt bedingen die geschichtlichen Rahmenbedingungen Verschiebungen im jüdischen Weltbild und in religiösen Auffassungen. Die äußeren Einflüsse erstrecken sich auf Aspekte an der religiösen Peripherie, nicht aber auf den Kern des Glaubens an JHWH als den einen und einzigen Gott. Auch ist eine verstärkte Ausprägung von Vorstellungen über himmlische Wesen insbesondere in der Volksreligiosität zu bemerken, was sich im Danielbuch sowie in den zahlreichen Apokryphen widerspiegelt. Es gibt aber zugleich dämpfende Effekte, vornehmlich aus konservativen sowie aus gebildeten Kreisen, die einer Ausweitung der Vorstellungen über die himmlische Welt skeptisch oder ablehnend gegenüberstehen.

Monotheismus und Engel

Einen Übergang von der primären Verehrung JHWHs zu einem ausdrücklichen Eingottglauben im Sinne eines reflektierten Monotheismus erfolgt in der Situation des Babylonischen Exils (597–539 v.Chr.). Erst seit der Exilszeit wird der Monotheismus tatsächlich in strikter Form vertreten (Jes 43,10-11; Jes 45,14, Dtn 4,35.39; Dtn 32,39), die Abgrenzung gegen heidnische Götter und ihre Kulte d.h. auch gegen Formen von Totenkult gewinnt an Schärfe.

Nunmehr schließt der JHWH-Glaube andere Gottheiten aus und verneint deren Existenz. Deuterojesaja (Jes 40-55) bringt die Exklusivität des JHWH-Glaubens auf den Punkt: »[…] damit ihr erkennt und mir glaubt und einseht, dass ich es bin. Vor mir wurde kein Gott erschaffen und auch nach mir wird es keinen geben. Ich bin Jahwe, ich, und außer mir gibt es keinen Retter« (Jes 43,10-11). So werden die Völker gegenüber Israel bekennen: »Nur bei dir gibt es einen Gott, und sonst gibt es keinen« (Jes 45,14), und so werden auch die anderen Völker zu JHWH kommen und sich vor ihm niederwerfen (ebd.). Die Götterbilder hingegen sind menschengemacht, von Handwerkern aus Gold und Silber angefertigt (Jes 40,19). Ruft man solch einen Gott an, antwortet er nicht, und auch in der Not kann er nicht helfen (Jes 46,7). JHWH hingegen hat Israel als sein erwähltes Volk durch die Geschichte geführt, und auch in der Not steht er ihm bei. JHWH ist der einzige, außer ihm gibt es keinen Gott (Jes 44,6).

Zwischen JHWH als dem einzigen Gott und allen anderen himmlischen Wesen wird nunmehr ein qualitativer, absoluter Unterschied festgestellt. Alles ist ihm, dem Allherrscher, untergeben. Wo der hebräische Text noch JHWH subordinierte »Götter« ('elohim) erblickte, spricht die Septuaginta interpretierenderweise von Engeln (z.B. Ps 98,7/=LXX 97,7; 138,1/=LXX 137,1). Keine andere Macht, kein anderes Wesen im Himmel oder auf Erden steht zu Gott in einem Verhältnis der Konkurrenz. Gottes Alleinherrschaft wird unterstrichen, den Engeln kommt keine Mitregierungs-, sondern eine Dienstrolle vor dem einzigen Gott zu.

Aufgrund der Einzigkeit Gottes steigt die Toleranz, auch den geschaffenen himmlischen Wesen mehr Aufmerksamkeit zukommen zu lassen, da diese nicht gegen JHWH konkurrieren. Die zunehmende Vorstellung von JHWH als Allherrscher verstärkt zudem die Auffassung von dessen Transzendenz, so dass sich zwischen dem transzendenten Gott und der Welt ein gewisser Zwischenraum für himmlische Wesen und Mittler auftut. Gott bedient sich in seinem Wirken der Engel. Umgekehrt tragen die Engel die Gebete der Menschen vor Gott.

Alle Engel sind von Gott geschaffen. Manche Quellen ordnen die Erschaffung der Engel dem ersten, dem zweiten oder dem fünften Schöpfungstag zu d.h. vor der Erschaffung des Menschen. Die Baruch-Apokalypse sieht die Erschaffung der Engel von Ewigkeit her (syrBar 21,6) und stellt sie als Bewohner einer geistigen Welt dar, die mit der Schöpfung des Himmels gegeben wurde, die »im Anfang« erfolgte (Gen 1,1). Das Gotteswort »Lasst uns Menschen machen« aus der ersten Schöpfungserzählung (Gen 1,26) wird von einigen Quellen als Konsultation Gottes mit Engeln gedeutet, die insofern in die Schöpfung des Menschen mit einbezogen, dieser vorgeordnet sind.

Die aus dem Kanaanäischen aufgenommene, inzwischen fest etablierte Auffassung von einer himmlischen Versammlung der Engel um den einen Gott, der als König herrscht (S.73f.), begegnet nunmehr erweitert. Die Engel bilden nicht nur einen Thronrat um Gott, was weiterhin am ehesten auf einige der führenden Engel zutrifft, sondern aufgrund ihrer unermesslichen Zahl (Ijob 33,23; Dan 7,10; 1Hen 1,9; 2Hen 11,4) formen sie eine ganze Gesellschaft, geradezu einen gegliederten Staat im Himmel. Eine himmlische Vision im Danielbuch sieht tausendmal Tausende Gott dienen, der wie ein Hochbetagter in ihrer Mitte auf einem Feuerthron Platz nimmt; zehntausend mal Zehntausende stehen vor ihm (Dan 7,10; vgl. 1Hen 71,8; syrApkBar 21,6; 48,10; 4Esr 8,21).

Gliederung der Engel

Die Engel stellen keineswegs eine homogene Gruppe dar. Vielmehr umfassen die Engel nach den Vorstellungen in der Volksreligiosität sowie in apokryphen Schriften mannigfaltige himmlische Wesen ganz eigener Art wie etwa die schon vorexilisch bekannten Cherubim oder Seraphim. Sieben solcher Engelklassifizierungen kennt 2Hen 19,1, neun Klassen 2Hen 20,1, zehn Klassen 2Hen 20,3. Andere Texte sprechen von Fürsten (Dan 10,13.20) oder von Wächtern (1Hen 5,10 u.ö.; Dan 4,10.14; LXX übersetzt ángeloi).

Zuweilen werden Herrschaften und Gewalten genannt (1Hen 61,10) oder Throne (2Hen 20,1). Mitunter werden diese in mutmaßlicher Ermangelung eines Leibes auch als Geister bezeichnet (1Hen 15,4.6.10), diesbezüglich Gott dann der »Herr der Geister« genannt wird (1Hen 37,2; 38,2). Insgesamt erscheinen die vielfältigen Engel in Ordnungen gegliedert (MosApk 38), u.a. 7 (Testament des Levi 3,2-8) oder 10 Ordnungen (1 Hen 61,10). Die unterschiedlichen Apokryphen und später auch gnostische Schriften führen eine solche Klassifizierung einschließlich bestimmter Eigenschaften und Funktionen der diversen Engelgruppen bis zum Ende des Altertums zunehmend weiter aus.

In Tob 12,15 werden sieben Engel(fürsten) hervorgehoben (vgl. 1 Hen 81,5; 90,21, dadurch ausgezeichnet, dass sie Zutritt zu Gott haben. Alternativ werden sechs (1 Hen 20,1) oder vier Engelfürsten oder Erzengel hervorgehoben (1 Hen 9,1), die an den vier Seiten des Thrones Gottes stehen (1Hen 40,2-9). Bereits Ezechiel spricht in seiner Himmelsvision von vier menschenartig aussehenden Lebewesen mit vier Gesichtern und vier Flügeln (Ez 1,5-12; syrBar 51,11), Daniel von vier großen Tieren von je ganz eigener Gestalt (Dan 7,3-8). Wie vier Räder am Thronwagen JHWHs (Ez 1,15-21) erscheint die Engelklasse der Ophannim (1Hen 61,10; 2Hen 20,1), die zusammen mit den Cherubim und Seraphim auf JHWHs Thron bezogen sind und diesen flankieren (1Hen 71,7). Weitere Zeugnisse sprechen von einer ganzen Reihe von Erzengeln (2Hen 20,1; syrBar 59,11).

Die Namenslisten dieser Engel variieren zwischen den einzelnen apokryphen Zeugnissen. Die Namen von Michael (Dan 10,13; 12,1; 1 Hen 9,1; 10,9; 20,7), Gabriel (Dan 8,16; 9,21; 1 Hen 9,1; 10,9; 20,7) und Raphael (Tob 3,17; 5.4; 9,1.5; 12,15; 1 Hen 9,1; 10,4; 20,3) werden fast durchgängig genannt. 1 Hen 9,1 (sowie 10,9; 20,2; 4 Esr 4,1; 5,20; 10,2) ergänzt zu diesen noch Uriel (»Licht Gottes«) und kommt so auf die Vierzahl. 1 Hen 20,2 ergänzt Uriel, Raguel und Sariel sowie noch Remiel und erreicht somit die Siebenzahl.

Dass einzelne Engel nun beim Namen genannt werden, unterstreicht ihre Individualität. Im Unterschied zur frühjüdischen Praxis, den Boten JHWHs allein hinsichtlich seiner Sendung zu sehen und ihn hinter die Botschaft JHWHs gänzlich zurücktreten oder darin aufgehen zu lassen, räumt die spätjüdische Sicht der Eigenpersönlichkeit der Engel einen erheblich breiteren Raum ein. Diese Eigenpersönlichkeit kommt im Namen zum Ausdruck. Dabei steht vor allem ein bestimmter Name im Vordergrund: Michael (»wer wie Gott?«), der als herausragender Engelfürst angesehen wird (Dan 10,21). Er gilt als oberster Engel (grBar 11-13), als Gottes Vertrauter, als Kenner des Namens Gottes und des Geheimnisses der Schöpfung analog einem Großwesir am himmlischen Hof.

Das Buch Josua spricht von einem Anführer des Heeres des Herrn (Jos 5,13-15). Die Vorstellung von einem himmlischen Heer oder einer Heerschar hängt ab vom Bekenntnis zu JHWH Zebaoth, dem Herrn der Heere (S.77). Die Sichtweise auf die Engel als »Heer« begünstigt die Vorstellung einer militärischen Strukturierung dieses Heeres, etwa in Form von 10 Abteilungen (1 Hen 61,10), Ordnungen oder anderen Formen von Hierarchie. Auch ist die Vorstellung von den Engeln als Heerschar von der Analogie zu den Ereignissen auf Erden geprägt, wenn apokalyptische Kämpfe im Himmel den Ereignissen auf Erden korrespondieren d.h. die irdischen Drangsale und Kriege als Spiegel eines großen Geschehens im Himmel ausgelegt werden.

Das Verständnis von einer himmlischen Heerschar ist jedoch vor und über den apokalyptischen Vorstellungen vor allem vom Königtum und von der Allherrschaft Gottes geprägt. 1 Kön 22,19b-20 sieht das himmlische Heer rechts und links von JHWH, der auf dem Thron sitzt. Analog schildert die Jesaja-Vision, wie die Serafim ihre dreifache Heilig-Akklamation an JHWH Zebaoth richten (Jes 6,3). Dieses Engel-Heer des Himmels, von JHWH geschaffen, betet ihn an (Neh 9,6), was der eigentliche Grundvollzug dieser Engel ist.

Selbstvollzug oder Aufgaben der Engel

Indem die Engel vor Gott stehen, lobpreisen sie ihn ohne Unterlass (1Hen 39,13; 2Hen 8,8; 17,22). Vor Gott zu stehen, ihm zu dienen und ihn zu lobpreisen kennzeichnen die Grundform ihrer Existenz. Dieser Lobpreis materialisiert sich etwa in der Sanctus-Akklamation, wie sie aus der Jesaja-Vision deutlich wird (Jes 6,3; 1Hen 39,12). Ausgehend von dieser Form des Lobpreises, wird in den einzelnen Quellen der Lobgesang der Engel näher konkretisiert: Etwa dass es sich um einen schönen Gesang (2Hen 8,8) mit sanften Stimmen handelt (2Hen 20,4), oder dass der Gesang einstimmig ist (2Hen 19,6). Diese Form des Gotteslobs wird als himmlische Form der Liturgie angesehen. Analog zu einer irdischen Tagzeiten-Liturgie wird erwartet, dass auch die Engel zu gewissen »Zeiten« wiederholt vor Gott treten und ihm den Lobpreis darbringen oder dass sie ihm Rauchopfer darbringen (aram. Levi-Dokument 3,6).

Den Engeln werden über eine einmalige Sendung als Bote JHWHs hinaus entsprechend ihrer Persönlichkeit dauerhafte Aufgaben zugeschrieben, die sich auf den Gottesdienst im Himmel, aber auch auf die kosmische Ordnung, eine apokalyptisch vorgestellte Endzeit oder auf einzelne Menschen beziehen.

Die Engel nehmen als Teil der unsichtbaren Schöpfung d.h. der himmlischen Welt eine Mittlerrolle zwischen Gott in seiner überragenden Allmacht und Transzendenz und dem sichtbaren geschöpflichen Bereich ein. Dies betrifft sowohl kosmische Vorstellungen etwa dass Engel den Sonnenwagen ziehen (2Hen 11,4), dass sie mit den Gestirnen in Beziehung stehen (1Hen 72,1), dass sie über die Jahreszeiten und Naturkräfte gebieten (1Hen 82,10) oder über Jahre, Monate oder Tage regieren (2Hen 19,4). So werden Engel den Elementen wie dem Wasser (1Hen 61,10), dem Meer (1Hen 60,16) oder bestimmten Flüssen, Kontinenten, bestimmten Völkern bis hin zu den einzelnen Menschen zugeordnet und sind für ein schöpfungsgemäßes Geschehen zuständig.

Die Engel vermitteln den Menschen den Segen von Gott (Gen 48,16), gewähren ihnen Schutz, retten sie aus allerlei Gefahren, wie das Beispiel der drei Jünglinge im Feuerofen zeigt (Dan 3,49-50.92). Tobias findet in Raphael einen Reisebegleiter, ohne zu wissen, dass dieser ein Engel ist (Tob 5,4-6). Engel greifen aktiv in das Weltgeschehen im großen wie im kleinen ein. So versetzt ein Engel den Habakuk, indem er diesen am Schopf ergreift, von Judäa nach Babylon, um Daniel in der Löwengrube das Essen zu bringen, das Gott diesem zugedacht hat (Dan 14,33-39). Engel stehen den Menschen bei in der Not und machen ihnen kund, was zu tun ist (Ijob 33,23).

Es kennzeichnet die apokalyptischen Schriften, dass alle Offenbarung, die von oben d.h. von Gott ausgeht, dies betrifft insbesondere bildhafte Visionen, der vermittelnden Auslegung durch einen Engel bedarf. Bei Sacharja (Kap.1-8) sind es acht Visionen über das Kommende, deren Bedeutung ihm durch einen Engel enthüllt wird (Sach 1,9 u.ö.). Ezechiel wird von einem Engel d.h. von einem »Mann« bronzenen Aussehens (Ez 40,3) an allerlei »Orte« auf Erden oder zwischen Himmel und Erde gebracht, um visionäre Offenbarungen zu schauen, die der Engel ihm zeigt (Ez 40,1-48,35).

Daniel erhält von Gabriel die Erklärung, was die geschaute Vision zu bedeuten hat (Dan 8,16-26), eine himmlische

Vision, die Daniels irdische Kräfte übersteigt (Dan 8,27). Und erneut wird Gabriel zu Daniel gesandt, um die Bedeutung einer weiteren Vision zu erhellen und ihm klare Einsicht zu vermitteln (Dan 9,22-23). In 1Hen 10,1 oder 4Esr 4,1 ist es Uriel, der die Deutung übernimmt.

Während die Engel von oben nach unten den Segen Gottes durchreichen und je nach eigener Zuständigkeit bis in die einzelnen konkreten Situationen hinein applizieren oder während sie als Mittler Gottes Offenbarung ausdeuten, tragen sie in umgekehrter Richtung von unten nach oben die Gebete der Menschen vor Gott. So offenbart sich Raphael am Ziel der Reise dem Tobias und dessen Vater Tobit als einer von den sieben Engeln, die die Gebete der Heiligen vor Gottes Majestät tragen (Tob 12,15; vgl. 1 Hen 99,3; Fürsprache Ijob 33,23).

anschauliche und narrative Ausmalungen

Unter der Bezeichnung »Engel« werden die im Himmel beheimateten Wesen mannigfaltiger Art zusammengefasst. Da es sich um himmlische, nicht um irdische Wesen handelt, kommt ihnen keine Anschauung im irdischen Sinn zu, erst recht nicht aus welthafter Perspektive, da der Bereich Gottes der sinnlich vermittelten menschlichen Erkenntnis nicht zugänglich ist. Die Visionen bei Ezechiel oder Jes 6, die von Engeln gleichsam anschaulich sprechen, tragen dementsprechend den Charakter prophetischer Schau und sprechen von der Wirklichkeit des Bereiches Gottes in bildhafter Rede.

Bei allen Unterschieden in den bildhaften Ausdrucksformen – Ezechiel etwa spricht in seiner Himmelsvision von vier menschenartig aussehenden Lebewesen mit vier Gesichtern und vier Flügeln (Ez 1,5-12), Daniel von vier großen Tieren von eigener Gestalt (Dan 7,3-8), und die Seraphim aus der Vision Jes 6,2-7 sind sechsflügelig mit Gesicht – so erscheinen doch insbesondere die Flügel kennzeichnend.

Diese Veranschaulichung des visionär »Geschauten« in Gestalt von überirdischen geflügelten Wesen entspricht der Vorstellungswelt des altorientalischen Kulturkreises. Die altägyptische Mythologie kennt Nephtys aus dem Osirismythos, die teils vogelartig, teils menschengestaltig mit ausgebreiteten Flügeln dargestellt wird. Auch die in den orientalischen Kulturen bildlich vielfach dargestellten Cherubim, Mischwesen mit Menschenkopf, Löwenkörper und Flügeln, zeigen Ähnlichkeiten zu ägyptischen Sphinx. In den Kulturen Mesopotamiens finden sich mehrfach Darstellungen geflügelter Wesen an den Portalen von Königspalästen in Babylon, Ninive, Nimrud oder Dur Scharrukin.[49]

Die Vorstellungswelt des orientalischen Kulturkreises bietet für Israel ein Bezugssystem, das im Glauben Geschaute anschaulich zur Darstellung zu bringen. Bildhafte Darstellungen der Cherubim weisen daher Ähnlichkeiten zu ägyptischen Darstellungen von Isis und Nephthys auf, die Bedeutung ist jedoch eine andere. Die Flügel der Cherubim in den Darstellungen aus dem Jerusalemer Tempel deuten den Schutz JHWHs wie unter seinen Flügeln an (Ps 36,8; Ps 63,8; Ps 91,1-4). Dementsprechend ist die Bundeslade mit Cherubim auf der Decklatte ausgestaltet (Ex 25,19-20), im Inneren des Salomonischen Tempels sind auf der Zedernholzverkleidung Schnitzereien von Cherubim angebracht (1 Kön 6-7), der Prachtvorhang zum Allerheiligsten ist mit Cherubimdarstellungen bestickt (2 Chr 3,14) und im Allerheiligsten selbst stehen zwei 10 Ellen hohe und 5 Ellen breite Cherubimfiguren (1 Kön 6,23–28), die als irdischer Thron JHWHs, der auf den Cherubim thront, aufgefasst werden (S.80).

Die Seraphim aus der Vision Jes 6,2-7 besitzen sechs Flügel. Während sie mit zweien den Thron JHWHs umschweben, bedecken sie mit zweien ihr Angesicht und mit zweien ihre Füße. Die Seraphim weisen in ihrer Darstellung gewisse Analogien zur ägyptischen Uräusschlange auf, die als Attribut von Göttern und Königen gilt (S.74).

Die bildliche Veranschaulichung der Engel erscheint unumgänglich, um das visionär Geschaute in konkreter Form zum Ausdruck zu bringen. Da die »Etage« vom Himmlischen ins Irdische gewechselt und das visionär Geschaute dabei in irdische Veranschaulichung übertragen wird, bringen die Darstellungen allerlei Interpretation mit sich und ziehen Erweiterungen und Ausmalungen nach sich.

Dies trifft über die bildlichen Darstellungen bzw. veranschaulichenden Beschreibungen hinaus auch auf allerlei weitere Ausmalungen auf narrativer Ebene zu. Die Engel werden nicht nur konkret vorgestellt, sondern ihr Wesen und ihr Dienst an Gott im Hinblick auf die Welt werden auch auf narrativer Ebene zunehmend ausgemalt, wenn ihnen konkrete Zuständigkeiten oder konkrete Handlungen zugeschrieben werden. Dies erfolgt insbesondere in der apokalyptischen Literatur und in den Apokryphen.

Kapitel 7

Weitere Ausprägung der Engelvorstellungen in der Apokalyptik

Angesichts der Fremdherrschaft, dem Leben in der Diaspora sowie der erfahrenen Not verlagert sich die Hoffnung auf eine spätere, jenseitige Vollendung, wenn der erste Himmel und die erste Erde vergangen sein werden und Gott einen neuen Himmel und eine neue Erde erschafft. Zur Zeit des Exils spricht Deutero-Jesaja von einer zweifachen Heimkehr, nämlich aus dem Exil nach Jerusalem sowie darüber hinaus in ein neues Jerusalem (Jes 54,1-55,13). Bei Trito-Jesaja zielt die Verheißung nochmals weiter auf einen neuen Himmel und eine neue Erde nach dem gegenwärtigen Zeitalter, wenn die früheren Nöte vergessen sein werden und ein goldenes Zeitalter anbricht (Jes 65,17-24; Jes 66,22).

Bei Trito-Jesaja zeigt sich, wie apokalyptische Motive in die Prophetenbücher als Zusätze eingefügt werden und apokalyptische Sichtweisen zunehmend Verbreitung finden. Es zeichnet sich ein sukzessiver Übergang von der klassischen Prophetie hin zu einem endzeitlich oder apokalyptisch geprägten Verständnis ab.

Einen apokalyptischen Zusatz zum Buch des Propheten Sacharja stellen die Kapitel 9-11 und 12-14 dar, die der hellenistischen Zeit des 4./3. Jhd. v. Chr. entstammen und von Gottes Erbarmen nach dem Gericht und dem kommenden Friedenskönig, von Jerusalems Not und der Rettung eines Restes sowie vom Tag JHWHs sprechen. Auch die Jesaja-Apokalypse in Jes 24-27 stellt einen späteren Einschub dar. Diese handelt vom Gericht über die Völker, von der Vernichtung der Mächte dieser Welt, davon, dass die Toten auferstehen und leben und ein neues Gottesvolkes aus den vielen Völkern aufgerichtet wird. Im Buch des Propheten Joël sind die Kapitel 3 und 4 hinzugefügt worden, die von der eschatologischen Ausgießung des Geistes, vom Tag JHWHs mit dem Gericht über die Völker im Tal Joschafat und vom kommenden Heil reden.

In einer Epoche nach dem Ende der Propheten (Sach 13,2-6) spiegeln sich die vielfältigen Auseinandersetzungen mit dem weltanschaulichen Gedankengut aus einer persisch, später aus der hellenistisch geprägten Umwelt in zahlreichen Schriften, die als Apokryphen sich großer Beliebtheit und Wertschätzung in der Volksfrömmigkeit im Judentum einschließlich der Diaspora erfreuen. Jenseitsvorstellungen und apokalyptische Endzeiterwartungen und sogar teilweise dualistisches Gedankengut finden Eingang in jüdische Auffassungen über Gott und die Welt, soweit dies mit dem Glauben an JHWH vereinbar ist, und werden von diesem Glauben her konkret und anschaulich interpretiert.

Seit der Mitte des 3. Jhd. v. Chr. entstehen im Kontext einer orientalisch beeinflussten hellenistischen Kultur auch im Bereich des Judentums zahlreiche Apokalypsen in Form einer neuartigen literarischen Gattung. Die Apokalypse handelt von der Endzeit als der letzten Phase der Geschichte am Übergang zu einem neuen Äon. In den apokalyptischen Texten geht es um die Enthüllung (gr. »apokalypsis«) von verborgenem Wissen um endzeitliche, jenseitige und himmlische Aspekte, die oftmals der Entschlüsselung durch Engel bedürfen und durch die Autoren dieser Schriften einer breiten Leserschaft vermittelt werden. Diese Autoren bleiben selbst anonym, sie sprechen literarisch durch renommierte Gestalten aus der Geschichte Israels wie etwa Daniel oder Baruch, Esra oder Henoch. Die Zuschreibungen dieser apokalyptischen Schriften an angesehene Autoren aus der Vergangenheit stellen Pseudoepigraphen dar. Von diesen Apokalypsen ist allein das Buch Daniel als jüngstes in den Tanak, den jüdischen Kanon der heiligen Schriften, aufgenommen worden.

Den Apokryphen und diversen Pseudoepigraphen kommt zwar nicht die Heiligkeit jener Schriften zu, die im Tanak zusammengefasst sind. Sie genießen aber gleichwohl eine hohe Anerkennung und prägen die Volksfrömmigkeit maßgeblich mit.

Eine gegenläufige Entwicklung erfolgt unter dem Einfluss des hellenistischen Rationalismus, der derartigen konkret-anschaulichen religiösen Vorstellungen eine Absage erteilt und die in der Volksfrömmigkeit aufkeimenden Engelvorstellungen bestreitet. Auch die Sadduzäer (vgl. Apg 23,8), Priester aus der konservativen Oberschicht, die sich ausschließlich an der schriftlich fixierten Tora orientieren, weisen die aufkeimenden Engelvorstellungen zurück.

Die Apokalypsen zeigen, welches endzeitliche Gedankengut insbesondere die Zeit vom 3./2. Jhd. v. Chr. bis zum 2. Jhd. n. Chr. prägte, teilweise aber auch starke Ablehnung erfahren hat. Daher wurden außer dem Buch Daniel keine weiteren apokalyptischen Schriften in den atl. Kanon aufgenommen.

Daniel

Das Buch Daniel bezieht sich auf eine gleichnamige, in Ez 14,14 und Ez 28,3 erwähnte Person aus der jungen Elite der 597 v. Chr. exilierten Israeliten am Hof Nebukadnezzars. So wird die Fiktion erzeugt, als habe Daniel zur Zeit des Exils jene Enthüllungen geschaut, welche versiegelt bleiben sollten bis zum Anbruch der Endzeit als einer Zeit noch nie dagewesener Not (Dan 12,4.9), welche im 2. Jhd. v. Chr. in der Situation des Makkabäer-Aufstands gegen die Seleukiden gekommen scheint.

Daniel vermag vermittels der von Engeln gedeuteten Visionen das Verhüllte zu enthüllen d.h. das geheimnisvoll Verborgene aus der Apokalypse verständlich zu machen. Er versteht es, Träume zu deuten wie einstmals Josef in Ägypten (Dan 2; 4), er kann verborgene Schriften wie das Menetekel Belschazzars erklären (Dan 5), er hat Visionen in apokalyptisch-bildhafter Gestalt, die ihm von Engeln entschlüsselt werden (Dan 7; 8; 10-12), und er weissagt über den Lauf der Geschichte (Dan 2; 7; 9-12). Der Lauf der Geschichte von der Perserzeit bis ins 2. Jhd. v. Chr. wird rückblickend in Form einer Vorhersage dargestellt (vaticinium ex eventu), die ab Dan 11,40 in die eschatologische Endzeit überstiegen wird. Das Heil wird nicht mehr in dieser Welt erwartet, sondern erst in einer künftigen.

Bei Daniels Vision von den vier großen Tieren, die für vier Königreiche stehen, denen im apokalyptischen Gericht die Herrschaft genommen wird (Dan 7), bittet Daniel einen der dort Stehenden um Erklärung. Dieser erweist sich als Deuteengel und schlüsselt Daniel die genauen Bedeutungen auf.

In einer anderen Vision erhält Daniel durch den Engel Gabriel die Erklärung, was die geschaute Vision zu bedeuten hat (Dan 8,16-26), eine himmlische Vision, die Daniels irdische Kräfte übersteigt (Dan 8,27). Und erneut wird Gabriel zu Daniel gesandt, um die Bedeutung einer weiteren Vision zu erhellen und ihm klare Einsicht zu vermitteln (Dan 9,22-23).

Bei einer weiteren Offenbarung an Daniel durch eine Vision wird der dortige Deuteengel als Mann beschrieben, der in Leinen gekleidet ist mit einem Gürtel aus Gold. Dessen Körper erscheint wie ein Chrysolith, sein Gesicht leuchtet wie der Blitz, seine Augen sind wie brennende Fackeln und seine Arme und Beine glänzen wie polierte Bronze (Dan 10,5-6). Die Gestalt dieses Engels ist gewaltig, seine Worte klingen wie das Getöse einer Menschenmenge, so dass Daniel wie betäubt zu Boden fällt. Im Verlauf der Visionserzählung stellt sich heraus, dass dieser Mann/Engel zusammen mit Michael bereits gegen den Engelfürst des Perserreiches gekämpft hat. Dabei handelt es sich um einen apokalyptischen Kampf in der Endzeit (Dan 11,40), dessen himmlisches Ereignis irdischen Ereignissen korrespondiert, so dass himmlisches und irdisches Geschehen wie Ebenen einer einzigen großen Handlung miteinander verwoben sind. In jener Endzeit aber tritt der große Engelfürst Michael auf, der für die Söhne des Volkes eintritt (Dan 12,1).

Andere Erzählmomente im Buch Daniel, die nicht von apokalyptischen Visionen handeln, zeigen das Wirken der Engel in diesseitigen, irdischen Situationen: Als Daniel in die Löwengrube geworfen wird, weil er dreimal täglich zu Gott betet und dadurch gegen eine königliche Anordnung verstößt (Dan 6), sendet Gott seinen Boten (mal'ak). Dieser verschließt den Rachen der Löwen und Daniel bleibt unversehrt (Dan 6,23). Daraufhin rehabilitiert König Darius den Daniel, wirft dessen Ankläger den Löwen zum Fraß vor und er empfiehlt Daniels Gott als den lebendigen Gott seinem ganzen Reich an.

In einem Anhang wird ergänzt, wie ein Engel den Propheten Habakuk eigens am Schopf ergreift und ihn von Judäa nach Babylon versetzt, um Daniel in der Löwengrube das Essen zu bringen, das Gott diesem zugedacht hat (Dan 14,33-39).

äthiopisches Henochbuch

Der Name »Henoch«, auf den sich die pseudoepigraphen verschiedenen Henoch-Bücher beziehen, spielt an auf den gleichnamigen Nachkommen des Adamssohnes Set in der 7. Generation seit der Erschaffung des Menschen. Von Henoch wird überliefert, er sei seinen Weg mit Gott gegangen und wurde daher bei Gott aufgenommen (Gen 5,18-24), was vielfach als »Entrückung« in den Himmel wie bei Elija (2 Kön 2,11) gedeutet wurde, so auch in Hebr 11,5. Man ging davon aus, dass Henoch nicht sterben musste, weil er Gott gefiel, und daher zu Gott in den Himmel entrückt wurde. Derart qualifiziert erschien die Gestalt des Henoch bestens geeignet, um seinen Namen als Pseudonym für die Vermittlung von apokalyptischem Wissen direkt aus dem Himmel einzusetzen. Wer in den Himmel entrückt wurde, vermag am besten aus erster Hand davon zu erzählen.

Bei den Henoch-Büchern konzentriert sich das Interesse insbesondere auf das erste oder sog. äthiopische Henochbuch (1Hen) im Unterschied zum slavischen Henochbuch (2Hen) oder zum hebräischen Henochbuch (3Hen) sowie weiteren Schriften wie das koptische oder das armenische Honochbuch aus dem 7./8. Jhd. n. Chr. Das äthiopische Henochbuch, original aramäisch verfasst und in mehrere Sprachen, darunter um 500 n. Chr. auch ins Äthiopische übersetzt, besteht aus fünf Teilen unterschiedlicher Herkunft, deren erster Teil als ältester um die Mitte des 3. Jhd. v. Chr., der jüngste zweite Teil hingegen frühestens im 1. Jhd. v. Chr. entstanden sind.

Der 1. Teil (1Hen 1-36) erzählt von zwei Visionen und zwei Himmelsreisen, worin Henoch das Gericht über die gefallenen Engel aus Gen 6,1-4 offenbart wird, das er den Engeln und den Dämonen verkünden soll. Henoch schaut auch den himmlischen Ort des Gerichts über die Seelen der Menschen sowie die Hölle als Ort qualvoller Bestrafungen. Der zweite, jüngere Teil (1Hen 37-71) bietet drei Bilderreden über die himmlische Welt, worin Henoch »alle Geheimnisse der Himmel« (1Hen 41,1) sowie den Menschensohn als den Erlöser schaut. Im dritten Teil (1Hen 72-82) schaut Henoch die himmlischen d.h. auch die astronomischen und astrologischen Ordnungen, welche ihm der Engel Uriel zeigt. Der vierte Teil (1Hen 83-91) umfasst zwei Traumvisionen zum Verlauf der Weltgeschichte von Adam bis zur Zeit der Verfolgungen unter Antiochus IV. Der letzte Teil (1Hen 92-105) unterteilt die Weltgeschichte in 10 Perioden, von denen 7 bereits vergangen sind. Am Ende steht das Gericht über die Engel und über die Welt.

Exemplarisch zeigt das Abschlusskapitel des zweiten Teils (1Hen 71), worum es bei den Offenbarungen über »alle Geheimnisse der Himmel« (1Hen 41,1) an Henoch geht. Dabei wird Henochs Geist in den Himmel entrückt (71,1). Dort schaut er Engel in weißen Gewändern, deren Antlitz wie Schnee leuchtet, während sie auf Feuerflammen treten. Henoch wird vom Erzengel Michael ergriffen, der ihn in »alle Geheimnisse der Enden des Himmels« einführt und der Henochs Geist sogar bis »in den Himmel der Himmel« entrückt (71,3-5). Der Himmel als der Bereich Gottes sowie der Lebensraum der Engel wird seinerseits als gegliedert angesehen.

Dort im Himmel der Himmel sieht Henoch »einen Bau aus Kristall und zwischen den Kristallen Zungen lebendigen Feuers«. An allen vier Seiten dieses Hauses fließen Ströme von lebendigem Feuer; rings um das Haus sind Seraphim, Cherubim und Ophannim, die den Thron von Gottes Herrlichkeit bewachen. Unzählige Engel umgeben das Haus des Herrn, »tausendmal Tausende und zehntausendmal Zehntausende« (Bezug auf Dan 7,10). Die Engel, namentlich werden die vier Engelsfürsten mit Namen Michael, Gabriel, Raphael und Phanuel erwähnt, gehen in diesem Haus ein und aus (71,5-8).

Unter diesen Engeln weilt Gott, den Henoch als Hochbetagten mit Haupthaar weiß wie Wolle und einem unbeschreibbaren Gewand erblickt (71,10). Einerseits fällt Henoch angesichts Gottes auf sein Angesicht nieder, sein

Körper und Geist sind wie aufgelöst und Henoch schreit angesichts dieser Grenzerfahrung (71,11); andererseits schließt sich direkt eine nette Unterhaltung zwischen Gott und Henoch an, in der es um den Menschensohn geht (71,14-17).

Oftmals wird Gott bei Henoch als »der Herr der Geister« bezeichnet (71,17), was Gott in einen Kontext mit den Engelwesen stellt und Gott geradezu vom Engelkontext her definiert sein lässt, als wäre er als der Herr der Geister lediglich die Krönung einer prächtigen himmlischen Wirklichkeit, nicht aber deren alleiniger Grund, Mitte und Ziel. Umso mehr werden die Grenzen und Unzulänglichkeiten dieser ausgemalten Apokryphen deutlich, wenn diese das Leben jener, die bei Gott und in Gott leben und bei ihm vollendet sind, in einer Art himmlischen Eigenwirklichkeit betrachten, als wäre der »Himmel« ein Ort analog zu irdischen Orten oder fremden Welten, die man bereisen und von deren so-sein man berichten kann.

4. Buch Esra

Das sog. »4. Buch Esra« ist eine jüdische Apokalypse aus der Zeit um 100 n. Chr., vermutlich während der Regierungszeit des Domitian (81-96 n.Chr.) entstanden. Im Text selbst wird das 30. Jahr nach Zerstörung des Tempels (587 v. Chr.) genannt, de facto dürfte es sich stattdessen um das 30. Jahr nach Zerstörung des herodianischen Tempels (70 n. Chr.) handeln. Die Verfasserschaft an diesem apokalyptischen Text wird dem Gesetzeslehrer Esra, einem Schriftgelehrten und Nachkommen Aarons, als Pseudo-Epigraph zugeschrieben, dem bei der Rückkehr aus dem Exil nach Jerusalem eine führende Rolle zukam. Die Bezeichnung »4. Buch Esra« folgt aus der Zuordnung zum Buch Esra sowie zu Nehemia (= 2. Buch Esra). Das 3. Buch Esra ist ein apokryphes Textstück, so dass die Apokalypse als 4. Buch Esra bezeichnet wird, welches durch zwei Kapitel vorab (5. Esra) und zwei Kapitel am Schluss (6. Esra) eingerahmt wird. Diese Rahmung erfolgte im christlichen Kontext.

Das 4. Buch Esra umfasst Dialoge zwischen dem Engel Uriel und Esra als dem Empfänger dieser himmlischen Offenbarung, woran sich jeweils eine Vision anschließt. Dabei geht es um die Zerstörung des Tempels sowie um kommende Ereignisse. In der letzten Vision erhält Esra den Auftrag, Schriften zu verfassen, von denen jene über die Endzeit geheim gehalten und nur einigen eingeweihten Weisen bekannt werden sollen. Zuletzt wird Esra zu Gott entrückt.

Auf dem 4. Buch Esra basiert eine weitere, nämlich die sog. griechische Esra-Apokalypse aus dem 2. Jhd. n. Chr. oder später. Diese erzählt geheimes Wissen über Himmel und Hölle aus den Entrückungen des Esra. Esra stellt Gott Fragen, z.B. warum die Menschen sündigen und dafür bestraft werden, während Gott ihm Antworten gibt. In späteren Jahrhunderten sind noch weitere Esra-Apokalypsen, Visio Beati Esdrae, Quaestiones Esdrae und Revelatio Esdrae verfasst worden.

Die Apokalypsen zeigen, welches endzeitliche Gedankengut insbesondere die Zeit vom 2./3. Jhd. v. Chr. bis zum 2. Jhd. n. Chr. prägte, teilweise aber auch starke Ablehnung erfahren hat. Daher wurden außer dem Buch Daniel keine weiteren apokalyptischen Schriften in den atl. Kanon aufgenommen. Nach der Zerstörung des Tempels 70 n. Chr. blieb im rabbinischen Judentum die Ablehnung der apokalyptischen Schriften vorherrschend, während einige christliche Kreise diesen Schriften eher offen gegenüberstanden und einige dieser Schriften für die Nachwelt bewahrt haben.

negative Geister – gefallene Engel – relative Dualismen

Ausgehend von Überlieferungen zu verschiedenen (Natur-) Mächten oder depotenzierten Ex-»Göttern« finden auch Vorstellungen von Geistwesen mit einer eher negativen Konnotation Eingang in das Judentum. Derartige Ansätze aus der Überlieferung umfassen z.B. die šedîm, fremde Geistwesen, denen das »verkehrte und böse Geschlecht« aus Gottes Volk wie auch den fremden Göttern Opfer dargebracht hat (Dtn 32,5.17), teilweise sogar die eigenen Kinder geopfert hat, wie es Ps 106,37-38 unterstellt. Offenbar kannte man zum Zeitpunkt der Textabfassung die šedîm kaum besser als vom fernen Hörensagen. Von einer solchen šedîm-Auffassung ausgehend entwickelt sich im rabbinischen Judentum später die Vorstellung von »Dämonen« – die weder dem Wort noch dem Begriff nach im religiösen Weltbild Israels vorgekommen sind.

Der im Alten Orient verbreitet verehrte Gott Reschef, zuständig für Kriege, Krankheiten und Heilung, wird im AT erwähnt, um im Kontrast zu diesem die Macht JHWHs herauszustellen. Hab 3,5 bringt ihn mit Seuchen wie der Pest in Verbindung, die somit nicht in JHWH, sondern in anderen Mächten ihren Ursprung haben. Ps 78,48 reduziert Reschef auf eine Naturgewalt, dem die Herden anheimfallen. JHWH zerbricht die Pfeile des Bogens (Ps 76,4) d.h. die Attribute des nunmehr depotenzierten Reschef, während das Attribut des Wagenlenkers auf JHWH übergeht.

Von König Saul wird eine Art Besessenheit beschrieben. Als der Geist Gottes (ruaḥ JHWH) von Saul ablässt, befällt diesen ein böser Geist (ruaḥ rā'āh). Erst durch Davids Harfenspiel tritt Linderung ein, und der böse Geist verlässt Saul (1 Sam 16,14.23).

Ein Geistwesen aus der himmlischen Welt wird in der Gestalt des »Anklägers« (śāṭān) vor Augen gestellt. Dabei handelt es sich zunächst nicht um ein bestimmtes Wesen, sondern um eine Funktionsbezeichnung, die auf Menschen wie auf himmlische Wesen Anwendung findet. Als David bei den Philistern weilt, fordern deren Führer, David zurück zu schicken, damit er ihnen im Kampf nicht zum Widersacher (śāṭān) werden kann (1 Sam 29,4). An anderer Stelle spricht David: »Was hab ich mit euch zu schaffen, ihr Söhne der Zeruja, dass ihr mir heute zum Satan werden wollt?« (2 Sam 19,23). An dieser sowie an anderen Stellen sind menschliche Widersacher, falsche Ratgeber oder politische Widerparte als śāṭān (ohne Artikel) bezeichnet (1 Kön 5,18; 11,14.23.25).

In einer im Himmel spielenden Szene begegnet einer, der als śāṭān bezeichnet wird, in einer Vision als Ankläger Jeschuas bei dessen himmlisch legitimierter Einsetzung als Hoherpriester. Diesem Ankläger wird vom Engel/Boten (mal'ak) Gottes gesagt, dass JHWH ihn in die Schranken weist (Mal 3,1-2). Gottes Bote lässt dem Jeschua mit den unreinen Kleidern zugleich die Sünde hinwegnehmen, die der Grund für die Anklage war, und lässt ihm reine Kleider anlegen, so dass keinerlei Grund mehr für die Anklage fortbesteht.

In einer aktiven Rolle als Ankläger begegnet śāṭān in der im Himmel spielenden Szene zu Beginn des Buches Ijob (Ijob 1-2). Zusammen mit anderen Gottessöhnen (bənê hā'älohîm) waltet śāṭān am himmlischen Hof. śāṭān hinterfragt die Frömmigkeit Ijobs und fordert, diesen auf die Probe zu stellen. Die Entscheidung über diese Prüfung liegt jedoch ausschließlich bei JHWH. śāṭān steht für die überkommene Meinung, dass das Ergehen eines Menschen Auswirkungen auf dessen weiteres Tun hat. Die Barmherzigkeit JHWHs hingegen hebt einen solchen Tun-Ergehen-Zusammenhang bzw. die Auswirkung des Ergehens auf das weitere Tun auf, wie aus dem Ausgang der Ijob-Erzählung deutlich wird.

śāṭān begegnet in den atl Schriften als Bezeichnung für einen Ankläger. Doch auch als literarisch-himmlischer Ankläger untersteht er noch immer JHWH, ihm kommt keine eigene Mächtigkeit zu, er steht nicht für das personifizierte Böse. Erst im Fortgang der Rezeption apokalyptischer Ideen erfolgt ein Wandel der Gestalt des śāṭān vom Ankläger zum Gegenspieler Gottes. Bzw. der personifizierte böse Gegenspieler Gottes in Gemeinschaft mit einer Gruppe von abgefallenen Engeln werden zu einem Typus in der apokalyptischen Literatur und Weltanschauung. Die dämonischen Kräfte werden insbesondere unter dem Einfluss des multikulturell vermittelten Zoroastrismus auf ein apokalyptisches Szenario des Kampfes zwischen abgefallenen Engeln und gotttreuen Engeln ausgerichtet, der im Gericht mit dem Ausgang in Himmel oder Hölle endet.

Der verstärkte multikulturelle Austausch unter fortwährender Fremdherrschaft in der Exils- und Nachexilszeit – d.h. unter den Babyloniern, den Persern, den Griechen in hellenistischer Zeit sowie unter den ägyptischen Ptolemäern (301-200 v. Chr.) und syrischen Seleukiden (198-141/129), unterbrochen von einem kurzzeitigen jüdischen Staat unter den Hasmonäern, bis hin zur Römerherrschaft seit 63 v.Chr. – übt Einflüsse auf weltanschauliche und volksreligiöse Vorstellungen im Judentum aus, die sich insbesondere in der apokalyptischen Literatur jener Zeit niederschlagen. Ein breiter Themenkomplex von Vorstellungen bezieht sich neben dem Fokus auf die himmlische Welt mit ihrer Vielzahl an Engeln auch auf widerstreitende böse Mächte, auf die Endzeit mit apokalyptischen Kämpfen zwischen Gut und Böse und einem Weltgericht. Neben dem Himmel gerät auch eine Hölle in den Blick.

Einer der maßgeblichen Einflüsse kommt dabei aus dem persischen Zoroastrismus (auch Parsismus), der auf Zarathustra zurückgeht.[50] Dieser lehrt, dass aus »Gott« d.h. aus dem sog. »weisen Herrn« (Ahura Mazda) als dem Schöpfer zwei Geister hervorgehen: Spenta Mainyu, der wohltätige, hervorbringende Geist, und Angra Mainyu, der böse, zerstörerische, todbringende Geist (Ahriman, Satan). Der Widerstreit zwischen beiden in einem himmlischen Kampf samt unzähliger Engel spiegelt sich auch in den Auseinandersetzungen zwischen den Menschen in der Welt, bis am Ende der Zeiten Angra Mainyu mit all den Seinigen in den Abgrund gestoßen wird. Danach beginnt ein neues, endgültiges Zeitalter, in dem Ahura Mazda in allem herrscht.

Der Konflikt wird über die Jahrhunderte dahingehend modifiziert gesehen, dass Ahura Mazda mit dem guten Geist sowie zusammen mit anderen Gottheiten (z.B. Mithra) auf der einen Seite, der böse Geist mit den Seinen auf der anderen Seite kämpfen. Daraus ergibt sich durchaus ein dualistischer Zug, weil jetzt der Schöpfergott selbst einem Widersacher gegenübersteht, auch wenn der Widersacher zusammen mit den ihn unterstützenden Göttern und Engeln besiegt wird.

In der jüdischen Geisteswelt wird das zoroastrische Gedankengut zumal in der Volksreligiosität zwar eifrig rezipiert, weil es eine Erklärung für die erfahrenen Kriege unter den Fremdherrschaften bietet und zugleich die Hoffnung auf einen guten Ausgang am Ende begründet. Auch im babylonischen Talmud finden sich zoroastrische Einflüsse. Die jüdische Rezeption findet jedoch am strikten Monotheismus des Glaubens an JHWH ihre Grenze. Gegen den einzigen Gott kann jeglicher Widerstreit immer nur von dessen Geschöpfen ausgehen, da diese keine Götter sind und somit JHWH absolut unterlegen sind. Die Vorstellung von der Transzendenz des einzigen Gottes lässt jedoch Handlungsspielraum für eine Szenerie guter und böser Engel unterhalb von Gott, die im apokalyptischen Kampf im Widerstreit stehen. Insofern der Kampf unterhalb JHWHs stattfindet, sind die dualistischen Einflüsse deutlich entschärft.

Exemplarisch wird am äthiopischen Henochbuch deutlich, wie die apokalyptische Literatur die Motive vom Engelfall und von der Verführung der Menschen zur Sünde über den jenseitigen Zwischenzustand der Verstorbenen bis zum großen Gericht mit Himmelslohn und Höllenstrafen anschaulich ausmalt. Henoch werden auf seinen Himmelsreisen, geführt und erklärt vom Engel Uriel, allerlei Orte des Heils und des Unheils d.h. Orte des Himmels und der Hölle gezeigt. Wiederholt werden Orte der Hölle sichtbar.

Als fataler Sündenfall der Engel oder Engelfall wird beschrieben, wie 200 Engel vom Himmel herabsteigen, weil es sie nach den schönen Menschentöchtern gelüstet, mit denen sie schließlich Kinder haben, Riesen, welche die Erde verwüsten (1 Hen 6-7). Diese gefallenen Engel haben die Erde verdorben (10,7), indem sie sich mit den menschlichen Frauen eingelassen haben und die Menschen verführten, den Dämonen als Göttern Opfer darzubingen (19,1). Dafür sieht Henoch diese nun in der Hölle (64).

Hölle wird beschrieben als tiefe Kluft in der Erde, als leerer und wüster Orte voll Feuer, entsetzlich anzusehen (17,12-13). In einer solchen Hölle sieht Henoch sieben Sterne im Feuer gebunden, weil sie den Befehl Gottes (der bei Henoch stets der Herr der Geister genannt wird) übertreten haben. Nun sind sie dem Höllenfeuer ausgeliefert, bis die Zahl der Tage ihrer Schuld erfüllt ist (21,6).

Ein noch entsetzlicherer Ort mit großem Feuer ist das Gefängnis der gefallenen Engel, wo sie gefangen sein werden bis in Ewigkeit (21,7.10). Namentlich wird Azazel, ursprünglich von der Tradition her ein Wüstendämon, dem der Sündenbock zugeführt wird (Lev 16,8.10.22), nun die Verführung der Menschen zugeschrieben. Daher wird dieser in der Wüste gefangen gehalten, bis er am Tag des Gerichts in den Feuerpfuhl geworfen wird (10,4-7).

Als Höllenknechte werden Strafengel vorgestellt, ganze Heerscharen von Strafengeln (56,1), die die Werkzeuge für den Satan zubereiten (53,3), Kettenwerkzeuge für die Scharen des Azazel (54,4-5). Michael, Gabriel, Raphael und Phanuel werden diese gefallenen Engel in die unterste Hölle bringen. So wird Rache genommen an all jenen Engeln, die dem Satan untertänig wurden und die Menschen verführten (54,6).

Wie 1Hen so beschreiben zahlreiche weitere apokalyptische Schriften mutmaßlich offenbarte »Geheimnisse« des Himmels, die vom Sündenfall der Engel, apokalyptischen Kämpfen, vom großen Gericht, von der Höllenstrafe oder vom ewigen Leben im Himmel handeln. Derartige Schriften mit bildreicher Handlung sind von multikulturellen religiösen Impulsen in den damaligen Großreichen getragen und wirken in synkretistischer Weise auch auf die Vorstellungswelt der jüdischen Volksreligiosität ein. Dabei gewinnt die Vorstellung von Engeln, ihren himmlischen Orten, ihren Aufgaben und ihrer Gestalt eine anschauliche Gestalt. Derart konkret anschauliche Vorstellungen etablieren sich als Narrativ.

Kapitel 8

Engeldarstellungen in den Schriften des Neuen Testaments

In den neutestamentlichen Schriften stehen die Engel nicht im Zentrum des Interesses. Dieses ist vielmehr darauf ausgerichtet, Jesus als den Christus zu verkündigen. Die Engel aber stehen mit im Dienst an dieser Christus-Verkündigung, wenn sie an entscheidenden Textstellen wie der Osterbotschaft die Wahrheit »von oben« her erschließen oder Gottes Botschaft künden.

Darüber hinaus begegnen Engelbezüge vielfach in den ntl Text eingestreut. Dies zeugt von einer Selbstverständlichkeit, die dem Engelglauben in weiten Teilen des Judentums sowie im Hellenismus in jener Zeit zukommt. Wie die Engel gezeigt werden, entspricht insgesamt der Weltanschauung jener Zeit. Der Dienstcharakter der Engel im Hinblick auf die christologische Botschaft ist unverkennbar. Vereinzelt begegnet eine negativ gefärbte Sicht auf die Engel wie etwa bei Paulus.

72 der insgesamt 176 Belege im NT, die von »Engeln« auch dem Wort nach sprechen, entfallen auf das Buch der Offenbarung. Unter den Evangelien stechen Lukas (24 mal zzgl. 21 mal in Apg) und Matthäus (19 mal) heraus. Über die Nennung von »Engeln« dem Wort nach hinaus begegnen Erwähnungen z.B. von einem »jungen Mann« im leuchtend weißen Gewand in der Ostererzählung bei Markus (Mk 16,5) oder die »zwei Männer« in der analogen Szene bei Lukas, bei denen es sich nicht dem Wort, wohl aber dem Sachverhalt nach um Engel im Sinne eines Boten handelt, der die Situation verkündigend »von oben« her erschließt.

Sicht auf die Engel bei Paulus

Eine direkte, ausdrückliche Lehre über die Engel findet sich bei Paulus nicht. Das zentrale Anliegen in der Theologie des Paulus zielt ganz und gar darauf ab, Jesus, den Christus, zu verkünden, und zwar als Gekreuzigten (1 Kor 1,23). Denn in Jesus Christus hat Gott die Welt mit sich versöhnt (2 Kor 5,19). So ist in Jesus Christus die verheißene Heilszeit angebrochen: »Jetzt ist sie da, die Zeit der Gnade, jetzt ist er da, der Tag der Rettung« (2 Kor 6,2). Der Begriff der Gnade steht bei Paulus für das ganze Heilswerk in Christus. Alle, denen die Gnade zuteil geworden ist, werden leben und herrschen durch Jesus Christus (Röm 5,17): »Denn wie die Sünde herrschte und zum Tod führte, so soll auch die Gnade herrschen und durch Gerechtigkeit zum ewigen Leben führen durch Jesus Christus, unseren Herrn« (Röm 5,21). In allem, zuerst und zutiefst geht es bei Paulus um Jesus Christus.

Aussagen über die Engel liegen bei Paulus aber dennoch vor, und zwar in zweierlei Hinsicht: Zum einen (1.), und das ist der zentralere Aspekt, finden sich Aussagen über die Engel im Zusammenhang mit Aussagen über Jesus Christus etwa wie diese, dass der erhöhte Herr Jesus Christus vom Himmel zum Gericht kommt, wenn der Erzengel ruft und die Posaune erschallt (1 Thess 4,16). Zum anderen (2.) sind vereinzelt Engel-Aussagen eingestreut, die der herrschenden Weltanschauung jener Zeit geschuldet sind und Vorstellungen aus der Apokalyptik etwa über gefallene, böse Engel aufnehmen.

Die erste Kategorie von Engel-Aussagen erweist sich als die entscheidende. Bestimmte christologische Aussagen werden zum Ausdruck gebracht unter flankierender Einbeziehung von Aussagen über die Engel. So verfolgt die Aussage, dass es niemand anderes als der Herr Jesus Christus selbst ist, der vom Himmel herabkommen wird zum Gericht, sobald der Befehl ergeht, der Erzengel ruft und die Posaune Gottes erschallt, in erster Linie ein christologisches Ziel. In Jesus Christus, d.h. in seinem Tod am Kreuz und in seiner Auferweckung aus dem Tod, hat Gott eine »neue Schöpfung« vollbracht. Gott hat in Christus die Welt mit sich versöhnt (2 Kor 5,17.19), auch wenn in Adam alle gesündigt haben und so durch die Sünde des einen die vielen dem Tod anheimgefallen sind (Röm 5,15).

Paulus sieht in Christi Tod und Auferweckung den Übergang vom alten Menschen (in Adam) zum neuen Menschen (in Christus) vollbracht. Adam steht für den alten Menschen, für dessen Sünde und den Tod, der durch Adam in die Welt gekommen ist (Gen 3). »Durch einen einzigen Menschen kam die Sünde in die Welt und durch die Sünde der Tod, und auf diese Weise gelangte der Tod zu allen Menschen, weil alle sündigten« (Röm 5,12).

Einer ist für alle gestorben (2 Kor 5,14). Insofern ist Jesus Christus »der Erstgeborene von den Toten« (Kol 1,18), dem als dem Haupt des Leibes all jene folgen, die zu diesem Leib gehören. »Durch den einen Geist wurden wir in der Taufe alle in einen einzigen Leib aufgenommen« (1 Kor 12,13). Das Evangelium rettet jeden, der glaubt (Röm 1,16-17), ohne es verdient zu haben, dank der Gnade »durch die Erlösung in Christus Jesus« (Röm 3,24). Durch den Glauben sind alle, die auf Jesus Christus getauft sind und ihn als Gewand angelegt haben, »Söhne Gottes in Christus Jesus« (Gal 3,26-27). Durch die Taufe auf Jesu Tod (Röm 6,3) sind alle »ihm gleich geworden in seinem Tod« und wurden »mit ihm begraben«. So ist der alte Mensch »mitgekreuzigt« und »frei geworden von der Sünde«. Denn »sind wir nun mit Christus gestorben, so glauben wir, dass wir auch mit ihm leben werden« (Röm 6,8).

Das kommende Gericht, dessen Kommen aus apokalyptischer Weltsicht unausweichlich bevorsteht und wie eine Drohung anmutet, hat für jene, die auf Christi Tod getauft sind d.h. mit Christus gestorben sind und so auch Anteil an seiner Auferstehung und an seinem Leben beim Vater haben, nunmehr einen anderen Charakter. Durch den Tod Jesu Christi sind wir mit Gott versöhnt (Röm 5,10) d.h. »durch sein Blut gerecht gemacht« (Röm 5,9). Durch die Taufe auf seinen Tod sind die Seinen mit ihm gleichgeworden im Tod, mit ihm begraben und auch in seiner Auferstehung mit ihm vereinigt (Röm 6,3-5). Wer »in Christus« ist, der ist in ihm eine »neue Schöpfung« (2 Kor 5,17).

Diese christologische Grundwahrheit und Mitte paulinischer Theologie findet sich bei Paulus eingebettet in eine Vorstellung von der Welt, die stillschweigend vorausgesetzt wird. Die apokalyptische Erwartung von der Auferstehung der Toten am Ende der Geschichte, wird insofern aufgenommen, aber in 1 Thess christologisch neu begründet (1 Thess 4,13-18). In diesem Zusammenhang wird die apokalyptische Vorstellung vom Weltgericht bei Paulus auf neue Weise d.h. christologisch akzentuiert: Es ist der Herr Jesus Christus, der zum Gericht erscheint, wenn – wie die Vorstellung meint – der Erzengel ruft und die Posaune Gottes erschallt. Nicht mit dem Gericht wird eine neue Schöpfung erstehen, wie die apokalyptische Vorstellung meint, sondern in Jesus Christus d.h. in seinem Tod und seiner Auferstehung ist die neue Schöpfung bereits vollbracht. Gott hat in Christus die Welt mit sich versöhnt (2 Kor 5,17.19). All jene, die glauben und die auf Jesus Christus getauft sind, sind mit ihm gekreuzigt, sie haben teil an seinem Tod und an seinem Leben und werden in sein Bild umgestaltet (2 Kor 3,18).

Die Aussage vom zum Gericht rufenden Erzengel (1 Thess 4,16) erweist sich als eine der herrschenden apokalyptischen Weltsicht geschuldete Begleitaussage, flankierend zur eigentlichen christologischen und soteriologischen Aussage des Paulus.

Ebenso verhält es sich bei der Aussage aus dem Römerbrief, dass niemand uns scheiden kann von der Liebe Christi, auch Engel und Mächte nicht (Röm 8,38-39). Hinter dieser Aussage steht die vorausgesetzte Vorstellung von der Existenz böser Engel, die als Verderber die Menschen von Gottes Liebe zu scheiden versuchen, was letztlich aber nicht möglich ist, weil das Heil in Christus vollbracht ist.

Dass die Erlösten »über Engel richten werden« (1 Kor 6,3) stellt weniger eine Tatsachenbehauptung über den Ablauf der letzten Dinge am Ende der Geschichte beim Weltgericht dar als vielmehr eine Aussage über das Heil, das in Christus vollbracht ist und an dem all jene teilhaben, die zu Christus gehören und auf seinen Tod getauft sind. Nicht nur ist es so, dass es Christus ist, der richten wird; sondern er wird auch über die Engel richten, steht als der über alles Erhöhte (Phil 2,9) geradezu über ihnen, und so werden auch jene, die auf Christus getauft sind und so Anteil an seiner Herrlichkeit haben, mit Christus über die Engel richten. Die apokalyptische Vorstellung von einem Gericht über die Engel stellt die Hintergrundaussage dar, im Vordergrund steht die christologische Aussage über den erhöhten Herrn und die Verbundenheit der Getauften mit Christus.

Die christologische Aussage, dass Jesus Christus »der Herr« ist, den Gott über alles erhöht hat (Phil 2,9-11), wird im deuteropaulinischen Epheserbrief, der wohl eher auf paulinische Schülerkreise zurückgeht und um ca. 80/90 n. Chr. verfasst wurde, dahingehend ausbuchstabiert und extrapoliert, dass Gott den auferweckten Herrn Jesus Christus im Himmel auf den Platz zu seiner Rechten erhoben hat, »hoch über alle Fürsten und Gewalten, Mächte und Herrschaften« (Eph 1,20-22). Der mit Eph verwandte Kolosserbrief bezeichnet Christus als das »Haupt aller Mächte und Gewalten« (Kol 2,10). Im Fokus steht auch hier die christologische Aussage vom erhöhten Herrn, welcher der weltanschaulichen Vorstellung entsprechend als über die himmlischen Engelsgattungen wie Mächte und Herrschaften gesetzt ist. Gleiches gilt für die weitere Aussage, dass in Christus alles erschaffen ist im Himmel und auf Erden (Kol 1,15-20): Christus wird derart hochstehend bei Gott verortet, dass er nicht nur über alles inklusive der Engel richtet, sondern dass sogar der Himmel »in ihm« erschaffen ist.

Neben den christologisch motivierten Engelsaussagen, die wie aus den genannten Beispielen ersichtlich in erster Linie weltanschaulich bedingte Hintergrund- oder Begleitaussagen sind, findet sich bei Paulus eine zweite Kategorie von Engels-Aussagen, die sich auf einzelne Aspekte von weltanschaulichen Vorstellungen jener Zeit beziehen und eingestreut an unterschiedlichen Textstellen im paulinischen Schrifttum begegnen. Dies betrifft etwa die Vorstellung von bösen Engeln, wie dies in apokalyptischer Lesart zur Zeit des Paulus zumal in pharisäischen Kreisen verbreitet ist (2 Kor 11,14; 12,7) oder den Zusammenhang mit sexueller Begierde als Konsequenz aus dem Engelfall (1 Kor 11,10) entsprechend der apokalyptischen Lesart..

Auch Satan begegnet bei Paulus. Dieser tarnt sich als Engel des Lichts (2 Kor 11,14), was aber nur als Vergleich herangezogen wird für die Lügenapostel, die sich als Apostel Christi tarnen (2 Kor 11,13), was der eigentliche Gegenstand dieses Abschnitts 2 Kor 11,1-15 ist. Bei einem Boten Satans, der ihm als Stachel ins Fleisch gestoßen wurde besteht die Aufgabe insbesondere darin, Paulus zu demütigen, damit er wegen der einzigartigen Offenbarungen nicht überheblich wird (2 Kor 12,7-10). Noch an einer weiteren Stelle begegnet Satan, und zwar in einer modifizierten Rolle, dass Paulus und die Gemeinde »im Namen Jesu« einen Unzüchtigen dem Satan übergeben »zum Verderben seines Fleisches, damit sein Geist am Tag des Herrn gerettet wird« (1 Kor 5,1-5).

Eine wiederum eher negative Sicht auf die Engel begegnet bei Paulus in der Annahme, das Gesetz sei durch Engel erlassen und durch Mose als Mittler bekanntgegeben worden (Gal 3,19). Dahinter steht die Praxis aus der Zeit der schriftlichen Fixierung des Pentateuch, dass an einigen Textstellen an die Stelle JHWHs ein Engel als handelndes Subjekt in den Text eingetragen wurde. Dadurch aber bringt Paulus das Gesetz, von dem er sich in Christus befreit weiß, mit einem Engel in Verbindung und setzt den Engel damit in eine negative Konnotation. Die Gerechtmachung geschieht aber nach Paulus nicht durch das Gesetz, sondern unverdient, dank Gottes Gnade durch die Erlösung in Christus Jesus (Röm 3,24). Darin besteht die Gerechtigkeit Gottes, nicht im Gesetz: Es ist »die Gerechtigkeit Gottes aus dem Glauben an Jesus Christus« (Röm 3,21-22). Daher versteht Paulus diese freie Gabe der Gnade als Berufung zur Freiheit von allem Gesetz (Gal 5,1.13). Der Engel, den Paulus mit der Erlassung des Gesetzes in Verbindung bringt, erscheint insofern obsolet oder sogar negativ. Die negative Konnotation mit den Engeln erfolgt möglicherweise mit Blick auf gnostische Strömungen im Judentum, die Paulus zurückweist.

An einer weiteren Stelle bringt Paulus einen Engel, wenn auch hypothetisch, mit etwas negativem in Verbindung. Paulus wendet sich gegen jede Verfälschung des Evangeliums (Gal 1,6-9), da er in der Gemeinde Leute am Werk sieht, die das Evangelium Christi verfälschen und die Gläubigen verwirren. Nun aber gibt es kein anderes Evangelium, so dass niemand dieses verfälschen kann, auch kein Engel vom Himmel. Wiederum also begegnet ein Engel bei Paulus in negativem Kontext, basierend auf der verbreiteten Vorstellung, dass es Engel sind, die von oben herab Kunde bringen. Die Wahrheit des Evangeliums kann aber kein Engel gewährleisten, sondern diese besteht in niemand anderem als in Jesus Christus selbst.

Wie die Annahme vom Engel als Himmelsboten in Gal 1,8 nicht mehr als für eine klischeehafte Vorstellung steht, so ähnlich auch zu Beginn des Hohenliedes der Liebe, dass selbst die Sprache der Engel ohne Liebe nur wie dröhnendes Erz oder wie eine lärmende Pauke klingen würde.

Die »Herrlichkeit der Kinder Gottes« sieht Paulus nicht bei irgendwelchen himmlischen Gottessöhnen verwirklicht, sondern bei den in Christus Erlösten: In Jesus Christus, seiner Hingabe am Kreuz, seinem Tod und seiner Auferweckung hat Gott den Menschen sowie die ganze Schöpfung »von der Knechtschaft der Vergänglichkeit befreit [...] zur Freiheit und Herrlichkeit der Kinder Gottes« (Röm 8,21).

Vorstellungen über die Gestalt dieser Herrlichkeit d.h. über den Auferstehungsleib verbieten sich. Ein konkretes Wissen darüber, wie die Toten auferweckt werden oder was für einen Leib sie bei der Auferstehung haben werden, ist nicht verfügbar, und Paulus hält eine solche Frage für töricht (1 Kor 15,35-36). In der Phase des Aussäens sieht man noch nicht die Gestalt, die einmal entstehen wird, sondern Gott gibt einem jeden die Gestalt, die er vorgesehen hat (1 Kor 15,37-38). Notwendigerweise wird die Gestalt aber eine ganz andere als die irdische sein: »Fleisch und Blut können das Reich Gottes nicht erben« (2 Kor 15,50). Vielmehr wird, was vom Tod auferweckt wird, unverweslich, herrlich und stark sein, ein »überirdischer Leib« (1 Kor 15,42-44). Die Toten werden »zur Unvergänglichkeit auferweckt«, und die noch Lebenden werden »verwandelt« (1 Kor 15,52), wobei eine solche Verwandlung etwas ähnliches wie das Sterben bedeutet und auch umgekehrt das Sterben im Sinne einer Transformation in Gottes Neuschöpfung zu verstehen ist.

Eine Lehre über die Engel legt Paulus nicht vor. Aussagen die Engel betreffend finden sich nur vereinzelt eingestreut und sind den weltanschaulichen Vorstellungen jener Zeit geschuldet, die als selbstverständlich vorausgesetzt und nicht weiter hinterfragt werden. Schließlich steht Paulus von seiner pharisäischen Ausbildung her in einer jüdischen Tradition, die den Engelvorstellungen der damaligen synkretistischen, hellenistischen Welt eher aufgeschlossen begegnet. Weder aber spielen diese Vorstellungen noch eigene Auffassungen über die Engel in der paulinischen Theologie eine zentrale Rolle. Eher begegnen einzelne negative Sichtweisen auf die Engel, dies aber möglicherweise im Sinne einer Polemik mit Blick auf gnostische Strömungen im Judentum.

Bei Paulus und den Deuteropaulinen werden einige jener Gruppenbezeichnungen erwähnt, die an anderer Stelle als Bezeichnungen für die Ordnungen der Engel begegnen: Mächte (Röm 8,38; 1 Kor 15,24; Eph 1,21), Gewalten (1 Kor 15,24; Eph 1,21; Kol 1,16), Fürsten (Röm 8,38; 1 Kor 15,23; Eph 1,21; Kol 1,16), Herrschaften (Eph 1,21; Kol 1,16) und Throne (Kol 1,16).

Rede von den Engeln in den Evangelien

Die Evangelienschriften sind darauf ausgerichtet, Jesus als den Christus zu verkündigen. Den Engeln kommt dabei eine herausragende Funktion in einem christophanen Sinn an entscheidenden Stellen dieser Christus-Verkündigung zu: In den Ostererzählungen der Synoptiker sowie in der Vorgeschichte bei Lukas und Matthäus, in denen Engel die Wahrheit der erzählten Botschaft »von oben« her erschließen. Darüber hinaus begegnen einzelne Engelaussagen an unterschiedlichen Stellen in den Evangelien wie eingestreut und zeugen von einer Selbstverständlichkeit, die dem Engelglauben in weiten Teilen des Judentums, aber auch des Hellenismus in jener Zeit zukommt.

Das Evangelium nach **Markus** erwähnt in der Ostererzählung einen »Jüngling« im leeren Grab (Mk 16,5), der die Auferstehung verkündet. Dessen leuchtendes bzw. hellweißes Gewand verweist auf die Verklärungsszene (Mk 9,3) und damit auf die Offenbarung Jesu als Christus-Messias d.h. als Gottes Sohn. Damit nimmt dieser Jüngling sowohl die Funktion eines Boten als auch eines erklärenden Engels (angelus interpres) ein – freilich ohne die Bezeichnung »Engel« – der in vertikal-epiphaner Offenbarung die Auferstehung Jesu kundtut (16,6-7). Mk kleidet die Osterbotschaft aus 1 Kor 15,3-5 in erzählerische Gestalt. Während das MkEv auf der horizontalen Erzählebene die christologische Frage nach der »Vollmacht« Jesu durch Exorzismen und Heilungswunder darstellt, wird quer zu dieser horizontalen Erzählebene für die Leser des Evangeliums das Christus- bzw. Messiasgeheimnis Jesu offenbar: Jesus wird von Gott dem Vater her bei der Taufe sowie bei der Verklärung auf dem Berg als sein geliebter Sohn bezeugt (1,11; 9,7). Gespiegelt wird diese Offenbarung im Messiasbekenntnis des Petrus (8,27-30) unmittelbar nach der Verklärung. Schließlich ist es der heidnische römische Hauptmann, der bei dem Kreuz stehend Jesus als Sohn Gottes bekennt (15,39).

Der »Jüngling« im leeren Grab, der den Auferstandenen verkündet, steht im Kontext dieser Offenbarung des Messiasgeheimnisses Jesu. Dessen Messianität erreicht durch die Auferstehung ihr Ziel, so dass das Markusevangelium mit dieser Szene ursprünglich schließt (sekundärer Markusschluss 16,9-20), während die Verklärungsszene bei Markus als die offenbarerische Mitte der Osterverkündigung gewertet werden kann. Erst in der Auferstehung tritt das Messiasgeheimnis Jesu nach außen hervor (9,9). Die Frauen aus 16,8, die bereits bei der Kreuzigung (15,40) und der Grablegung (15,47) zugegen sind, fliehen unter Zittern und Entsetzen vom Grab und halten sich an das bei Mk oft geäußerte Schweigegebot (16,8). Auf die Verklärungsszene hingegen schließt sich das ausdrückliche Christus-Bekenntnis des

Petrus an, dessen Verkündigung aber an die Auferstehung gebunden ist (9,9). Die Christus-Offenbarung als geliebter Sohn von Gott her bei der Verklärung (korrespondierend zu Mk 1,11 und 15,39) erweist sich als wuchtiger und aussagekräftiger im Vergleich zur finalen Osterbotschaft durch den leuchtend bekleideten Jüngling.

Im Kontrast zu Mk schmückt das **Matthäusevangelium** die Szene der Osterverkündigung dramaturgisch gesteigert weiter aus. Matthäus spricht direkt von einem »Engel« statt von einem Jüngling. Dieser steigt epiphaniegleich begleitet von Naturgewalten, d.h. einem Erdbeben ähnlich bei der Kreuzigung Mt 27,51, vom Himmel herab, wälzt den Grabstein weg und setzt sich darauf. Eingeleitet wird die Szene durch ein die Epiphanie anzeigendes »Und siehe«. »Leuchtend« erscheint bei Mt nicht nur das schneeweiße Gewand des Engels, sondern seine ganze Gestalt strahlt »leuchtend wie ein Blitz« (Mt 28,2-3). Angesichts dieser einbrechenden Herrlichkeit des Engels vom Himmel her (bei Mk Herrlichkeit Christi aus der Verklärung) zittern die Wächter vor Angst (vgl. die Frauen bei Mk) und fallen wie tot zu Boden, während der Engel den Frauen »Fürchtet euch nicht!« zuruft, um ihnen sogleich und sogar zweifach die Osterbotschaft zu verkünden (Mt 28,5-7). Der epiphane Charakter der Osterbotschaft wird durch ein abschließendes »Und siehe« am Ende der Engelsbotschaft nochmals unterstrichen, so wie anschließend die direkte Begegnung mit dem Auferstandenen durch ein weiteres »Und siehe« eingeleitet wird (Mt 28,9).

Ein solches »Und siehe«, das einen epiphanen Einbruch aus dem Bereich Gottes signalisiert, setzt auch das **Lukasevangelium**, als es von »zwei Männern in leuchtenden Gewändern« im leeren Grab spricht, die den ratlosen Frauen die Osterbotschaft verkünden (Lk 24,4-7). Im Unterschied zu dem einen »Jüngling« im leuchtenden Gewand bei Markus spricht Lukas von »zwei Männern« ebenfalls in leuchtenden Gewändern. Dass es zwei sind, vermag die Glaubwürdigkeit ihres Zeugnisses noch zusätzlich zu unterstreichen (Dtn 19,15b). Die Rede von »Männern« steht in der Tradition von Gottes Boten etwa in Gen 18, als »drei Männer« bei Abraham zu Gast sind, von denen einer zunächst als »Adonaj« (Gen 18,3) angesprochen wird, der im anschließenden Gespräch über Sodom aber als JHWH selbst auftritt (Gen 18,17-33).

Die Osterbotschaft der beiden »Männer«, welche die Frauen an die Jünger weitertragen, findet noch keine Resonanz bei den Jüngern (Lk 24,11). Und so bedarf es in der Konzeption des Lukas weiterer Auserzählungen und keines geringeren Zeugnisses als die Selbstbekundung des Auferstandenen in eigener Person – an die Emmausjünger, an Petrus und an die Gemeinschaft der Jünger in Jerusalem (24,33-53) – was dem Charakter des Lukasevangeliums als einer illustrierten Glaubenserzählung entspricht. In der Erzählform bei Lukas bleibt die Osterbotschaft durch die »Männer« vergleichsweise wirkungsarm. Erst die das »Engelswort« überbietende Selbstbekundung des Auferstandenen in höchsteigener Person, teilweise mit einer betont physischen Präsenz (24,39-43), lässt die Osterbotschaft bei den Jüngern wirklich ankommen (24,45.52-53).

Eine deutlich stärkere Position kommt der Verkündigung durch den Engel, hier ist es der aus der Tradition bekannte Gabriel, einer der vier bzw. sieben Erzengel (Lk 1,19), in der Vorgeschichte des Lukasevangeliums zu (Lk 1,5-2,52). Dieses vom Autor selbst nachträglich eingefügte, nach Art einer illustrierten Glaubenserzählung gestaltete Textstück spiegelt die Christus-Verkündigung des Evangeliums auf die Szenerie der Anfänge der Geschichte Jesu zurück und zielt so auf eine einführende Ausleuchtung des Christus-Bekenntnisses ab. Die Erfüllung der Heilsgeschichte in Jesus Christus wird aus der Perspektive der Verheißung ausgeleuchtet. Das

Christus-Kerygma wird variiert und illustriert unter vollem Einsatz der literarischen Kunst antiker Geschichtsschreibung in erzählerischer Weise.

Dabei folgt Lukas genau den Prinzipien der antiken Geschichtsschreibung. Diese ist als literarische Form der Kunst jedoch an einem anderen Ideal und an einem anderen Verständnis von Wahrheit orientiert als die moderne Geschichtsschreibung. Dem antiken Ideal von Geschichtsschreibung entsprechend geht es darum, die Wahrheit über eine große Persönlichkeit der Geschichte auf kunstvolle Weise zum Ausdruck zu bringen. Die Verwebung von Fakten, Interpretationen und Anekdoten, die Komposition von Reden und selbst die Verwischung der Grenze von Tatsächlichem und Mythischem wie in den »biographischen« Heldenerzählungen z.B. über Alexander den Großen stellen Selbstverständlichkeiten antiker Geschichtsschreibungs-Literatur dar. Auf kunstvolle Weise soll die Wahrheit über die Person zum Ausdruck gebracht werden.

Das Lukasevangelium stellt Jesus Christus als eben eine solche herausragende Person der Geschichte dar. Dementsprechend erfolgt bei Lukas eine Einordnung des Geschehens in den Makrokontext der Geschichte (Lk 3,1-2), um zu unterstreichen, dass die Geschichte Jesu Christi ein Ereignis von weltgeschichtlicher, epochaler Bedeutung ist, die sich nicht in irgendeinem unbedeutenden Ort, in einem »Winkel« der Geschichte abgespielt hat (Apg 26,26). So markiert die Geschichte von Jesus Christus auch einen Wendepunkt in der Heilsgeschichte. An diesem Wendepunkt vom Alten Bund zu Jesus steht personifiziert die Prophetengestalt Johannes der Täufer. Bis zu diesem reichen das Gesetz und die Propheten; von da an wird die Basileia Gottes verkündigt (Lk 16,16). Damit ist heilsgeschichtlich ein Epochenwechsel hin zur Zeit Jesu markiert.

Die Erzählstücke der Vorgeschichte sind in Form eines Diptychons nach den Prinzipien der Parallelität und der Überbietung Johannes des Täufers durch Jesus Christus angelegt: Auf die Geburtsankündigung des Täufers folgt die Geburtsankündigung Jesu; auf die Erzählung von Geburt und Namensgebung des Täufers folgt die entsprechende Erzählung über Jesus. Beide Handlungsstränge werden in der Begegnung der beiden werdenden Mütter, Maria und Elisabeth, miteinander verbunden; stellvertretend werden auf diese Weise Johannes und Jesus in eine Relation zueinander gesetzt. Johannes der Täufer wird als Vorläufer und Herold für den Messias dem Anliegen der Verkündigung Jesu Christi ein- und untergeordnet wird, ohne dass sich beider Wege jemals direkt kreuzen. Das Lukasevangelium bietet im Rahmen der Vorgeschichte weder historische Zusatzinformationen aus dem Leben Jesu rund um dessen Geburt noch eine Kindheitslegende: Die Vorgeschichte bietet eine einführende Ausleuchtung des Christus-Bekenntnisses, rückgespiegelt auf die Szenerie der Anfänge des Lebens Jesu.

In diesem Rahmen steht auch die Geburtsankündigung Jesu durch den Engel Gabriel (Lk 1,26-38), die parallel zur Geburtsankündigung des Täufers gestaltet ist. In beiden Fällen tritt der Engel Gabriel auf, sowohl Zacharias als auch Maria reagieren zunächst erschüttert. Beide Male spricht der Engel »fürchte dich nicht«. In beiden Szenen folgt die eigentliche Geburtsankündigung, eine Weisung zur Namensgebung sowie eine Weissagung über das Kind: Beide werden »groß« sein, Jesus aber wird als der unvergleichlich größere dargestellt. Neben das Stilmittel der Parallelität tritt die Überbietung. Sowohl Zacharias als auch Maria stellen eine Rückfrage, woraufhin der Engel antwortend seine Verkündigung fortsetzt und mit einem »und siehe« abschließt. Beide Erzählungen schließen mit einem Erfüllungswort: Elisabeth wird schwanger, Maria spricht das »mir geschehe«.

Zur Geburt Jesu ist es dann der »Engel des Herrn«, der den Hirten eine große Freude verkündet, dass »heute« in der Stadt Davids der Christus-Messias als Retter geboren ist (Lk 2,9-12). Dieses »Heute« des gekommenen Heils (vgl. Lk 4,22; 5,26; 13,32; 19,5.9; 23,43) erscheint geschichtlich und ewigkeitsbezogen zugleich. Daraufhin weitet sich die Szenerie auf eine große himmlische Heerschar, die Gott lobpreist (Lk 2,13-14; vgl. 2 Chr 33,3.5; Neh 9,6; Jer 8,2; 19,13; Zef 1,5) und das zuvor vom Engel Gesagte unterstreicht. Das Wort dieses Lobpreises »Herrlichkeit in den Höhen Gott und auf Erden Frieden den Menschen seiner Gnade« zeigt in den parallelen Elementen Himmel und Erde, Herrlichkeit und Friede in einem Chiasmus verschränkt.[51]

In der Lukas-Vorgeschichte geht es um eine in die Szenerie des Anfangs gespiegelte Darstellung der Christus-Verkündigung, dass Jesus, der erhöhte Herr, der Christus ist. Um diese Verkündigung Jesu Christi geht es allein. Alles übrige Erzählgut, prophetische und literarische Motive, werden zu diesem Zweck in Dienst gestellt. Nicht anders als von diesem Evangelium her und auf dieses Evangelium hin ist die Vorgeschichte zu verstehen. Würde man etwas anderes, z.B. das »Wie« der Inkarnation, welche ihrerseits bereits ein Theologoumenon ist, daraus zu erheben suchen, würde man den Sinn des Textes verfehlen.

Der Engel Gabriel steht an dieser rückgespiegelten Christus-Verkündigung in zentraler Position. Er bringt als Bote die Kunde von Gott her zu Maria sowie zu Zacharias und legt als angelus interpres die Heilsgeschichte aus.

Auch im **Matthäusevangelium** ist es ein Engel, der an den Anfängen des Lebens Jesu auftritt und dessen Gottessohnschaft und dessen Sendung zum Ausdruck bringt. So teilt ein Engel, der selbst namenlos bleibt, an Josef im Traum (vgl. S.66f.) die Gottessohnschaft Jesu aus dem Heiligen Geist sowie seine Sendung zur Erlösung des Volkes mit. Dies alles wird durch den Engel als Erfüllungsgeschehen der prophetischen Verheißung dargestellt (Mt 1,20-23).

Im Unterschied zu Lukas wird bei Matthäus die Gottessohnschaft Jesu aber nicht auserzählenderweise dargestellt, sondern informativ an Josef stellvertretend für die Adressaten des Evangeliums vermittelt. Diese Gottessohnschaft wird bei Matthäus im Zusammenhang mit der Abrahamssohnschaft (Stammbaum Mt 1,1-17) sowie der Davidssohnschaft zum Ausdruck gebracht. Jesus ist der Messias, der von David abstammt. Er ist Nachkomme Abrahams, durch den alle Völker der Erde Segen erlangen sollen, und er stammt aus Gott. Auf diese Weise bieten Kapitel 1 und 2 eine kunstvolle theologische Grundlegung für die nachfolgenden Kapitel in erzählerischer Form, deren Ziel mit jenem des ganzen Matthäusevangeliums übereinkommt: Den Christus-Glauben plausibel von innen her zu begründen. Zu diesem Ziel einer christologisch-heilsgeschichtlichen Ouvertüre dienen die beiden ersten Kapitel bei Matthäus.

Das ganze Matthäusevangelium strebt von seiner Konzeption her hin auf das große Finale des erhöhten Herrn, dem »alle Macht im Himmel und auf Erden« gegeben ist (Mt 28,18). Von diesem Fluchtpunkt aus wird die Christus-Verkündigung in das vorösterliche Wirken Jesu rückgespiegelt dargestellt. Die beiden ersten Kapitel führen wie eine Ouvertüre in die Hauptmotive des Matthäusevangeliums ein und stellen Jesus als Abrahamssohn, als Davidssohn und als Gottes Sohn dar.

Diese Ouvertüre stellt also kein Sondergut an biographischem Wissen über Jesus oder über die näheren Umstände seiner Abstammung dar. Diese Vorgeschichte bietet vielmehr eine direkte Christus-Verkündigung– freilich in narrativer Gestalt statt in begrifflicher, abstrakter Theologie. Diese erzählerische Form von Theologie – es ist eine sehr jüdische Form, die als Haggada bezeichnet wird –

schließt die Auslegung der Schrift ein, wodurch überhaupt erst die theologische Botschaft zum Ausdruck kommt. Jesus ist der Messias, der von David abstammt; zugleich ist Jesus Nachkomme Abrahams (Mt 1,1-17) und er stammt aus Gott (Mt 1,18-25).

Dem Engel kommt es zu, die Abstammung Jesu aus dem Heiligen Geist klarzustellen (Mt 1,18-25). Wie zu Beginn der Abstammungstafel in 1,1 wird auch an dieser Stelle dasselbe griechische Wort für Abstammung, »genesis«, verwendet. So wird einerseits die Abstammungstafel fortgesetzt und zugleich theologisch überstiegen durch die Feststellung, dass die Schwangerschaft im Heiligen Geist begründet liegt. Dabei geht es um die Zuordnung Jesu Christi zum Bereich Gottes von Anfang an.

Nicht erst der erhöhte Herr ist es, der als der Pantokrator mit all seiner Macht dem Bereich Gottes zugehört. Der erhöhte Herr ist niemand anderer als Jesus, der zuvor auf Erden gelebt und gewirkt hat. Daher verkündet das Matthäusevangelium die Gottessohnschaft Jesu anhand der Erzählungen von Jesu Leben und Wirken auf vielfältige Weise: Etwa bei der Taufe Jesu (Mt 3,16-17), als die Stimme des Vaters für alle vernehmbar verkündet, dass dieser sein geliebter Sohn ist (bei Markus war die Stimme nur an Jesus Christus selbst gerichtet, und nur der Leser durfte an dieser Offenbarung teilnehmen). Ebenso präsentiert der Vater bei der Verklärung Jesus als seinen Sohn (Mt 17,5). Nach dem Seewandel sprechen die Jünger anbetend aus: »Wahrhaftig, du bist Gottes Sohn« (Mt 14,32).

Korrespondierend zum großen Finale Mt 28,16-20 entfaltet bereits die Ouvertüre des Matthäusevangeliums eine Christologie – in Form des Ausweises der Abstammung Jesu Christi. Abrahamssohnschaft und Davidssohnschaft allein sind nicht hinreichend, um das Zeugnis für den erhöhten Herrn zum Ausdruck zu bringen. In dieses Glaubenszeugnis ist die Frage einbezogen, in welchem Verhältnis Jesus Christus zu Gott steht. Das Matthäusevangelium bezeugt, dass Jesus Christus zum Bereich Gottes gehört – freilich ohne dies näher erklären zu können. Diese Zugehörigkeit ist wesentlich, nicht etwa im Laufe eines Lebens erst erworben. Daher kann auch die Abstammung Jesu Christi einzig in Gott begründet sein. Das Matthäusevangelium öffnet mit der Ouvertüre gleichsam eine christologische Klammer, die sich erst im Pantokrator-Finale schließt und das ganze Leben und Wirken Jesu darin umfasst sieht. Am Beginn dieser zentralen christologischen Klammer sieht das Matthäusevangelium einen Engel Jesu Gottessohnschaft künden. Darüber hinaus erscheint der Engel Josef zwei weitere Male im Traum, um diesen zusammen mit dem Kind und seiner Mutter nach Ägypten zu leiten (Mt 2,13) sowie zur Rückkehr zu veranlassen (Mt 2,19-20).

Auch die Versuchung Jesu in der Wüste ist bei Matthäus dieser christologischen Exposition zuzuordnen. Hier werden die Engel einmal indirekt in Form des Psalmzitats erwähnt (Mt 4,5-6), nach Ende der Versuchung treten die Engel dann direkt hinzu und dienen Jesus (Mt 4,10-11; Mk 1,13); korrespondierend hierzu stärkt ein Engel Jesus zu Beginn der Passion im Garten Gethsemane (Lk 22,43).

Über die zentrale Funktion der Engel bei der Osterbotschaft und an den Anfängen des Lebens Jesu hinaus bringen die Evangelien einzelne Engelaussagen insbesondere aus der apokalyptischen Tradition eingestreut im Verlauf des Textes. Insbesondere bei Matthäus werden die Engel im Kontext apokalyptischer Worte erwähnt, so etwa als Erntehelfer beim Weltende (Mt 13,39-42), zur Scheidung der Gerechten von den Bösen (Mt 13,49-50), ebenso beim Weltgericht, wenn die Engel den in seiner Herrlichkeit erscheinenden Menschensohn begleiten (Mt 25,31-33) oder zur Sammlung der Auserwählten beim Schall der Posaune am Weltende (Mt

24,31; Mk 13,27), dessen Zeitpunkt aber auch die Engel nicht vorab kennen (Mt 24,36; Mk 13,32). Wenn am Ende die toten auferstehen, werden sie sein wie die Engel im Himmel (Mk 12,25).

Abgrenzung Christus vs. Engel im Hebräerbrief

Der Hebräerbrief, der um 80/96 n.Chr. verfasst worden sein dürfte, ist vom paulinischen Schrifttum getrennt zu betrachten. Dieser weist eine andere als die paulinische Theologie auf, auch ein anderes Sprachniveau und einen anderen Wortschatz, er stammt somit keinesfalls von Paulus selbst, wie schon seit Origenes offensichtlich ist,[52] und dürfte aufgrund der inhaltlichen Differenzen auch nicht von deuteropaulinischen Kreisen verfasst sein.

In der Frage nach den Engeln steht in den ersten beiden Kapiteln des Hebräerbriefs die Abgrenzung Jesu Christi, des Sohnes, von den Engeln im Fokus. Die Verhältnisbestimmung zwischen beiden erreichte in der frühkirchlichen Phase eine große Dringlichkeit, da in der Apokalyptik eine ausführende Mitwirkung der Engel am Heil und Gericht Gottes verbreitet angenommen wurde. Auf dem Weg der Abgrenzung wird im Hebräerbrief die Präexistenzchristologie herausgestellt, die diese Schrift in besonderer Weise kennzeichnet.

Ausgehend davon, dass Gott nachexilisch als Schöpfer thematisiert und dadurch vorgängig d.h. »präexistent« zu aller Schöpfung gedacht wird, dessen Thron von Anbeginn an steht und der selbst seit Ewigkeit ist (Ps 93,2), und analog zur »Weisheit«, die von Gott noch vor seinen urzeitlichen Werken geschaffen wurde und die bei ihm war, als er alles erschuf (Spr 8,22-30; Sir 1,4.9; 24,4-7), wird der Gedanke der Präexistenz nun auch auf den Sohn übertragen. Analog findet sich dieser Aspekt auch bereits im Philipperhymnus, den

Paulus in den Brief an die Philipper aufgenommen hat (Phil 2,6-11) sowie im deuteropaulinischen Brief an die Kolosser (Kol 1,15-20) artikuliert. Anklänge dahingehend finden sich ebenso bei Micha, der den Ursprung des messianischen Herrschers von ferner Vorzeit (ʻōlām) her verortet (Mi 5,2).

Der Hebräerbrief stellt unter Anwendung von zahlreichen alttestamentlichen Bezügen insbesondere der Psalmen Jesus Christus als den Sohn Gottes vor Augen (Hebr 3,6), der im Unterschied zu den Engeln vorgängig zur Welt aus dem Vater stammt (1,5; Ps 2,7). Jesus Christus ist »Abglanz seiner Herrlichkeit und Abbild seines Wesens [seiner Hypostase]« (1,3). »Durch ihn« bzw. »seinetwegen« (di' hou) hat Gott die Äonen erschaffen (1,2), so dass durch ihn alles ist (2,10). Wie Gottes Herrlichkeit die Himmel und somit auch die Engel überragt (Ps 113,4), so ist auch Gottes Sohn gewaltiger, mächtiger als die Engel, diesen überlegen (1,4).

Wie Gottes Königtum und zugleich sein Thron von Anbeginn an steht, so bezieht der Hebräerbrief den Thron, der für immer und ewig steht (Ps 45,7), auf den Sohn, während er die Engel von Ps 104,4 her interpretiert, dass Gott die Winde zu seinen Boten und Feuerflammen zu seinen Dienern macht (1,7-8). Während sich der Sohn zur Rechten Gottes setzt (1,13; Ps 110,1), sind die Engel lediglich »dienende Geister«, ausgesandt, denen zu helfen, die das Heil erben sollen (1,14). Das Erbe des Heils aber bezieht sich auf die Nachkommen Abrahams d.h. allesamt Menschen, nicht aber auf die Engel (2,16), die lediglich in einer Dienstfunktion und somit für nachrangig erachtet werden.

Kapitel 2 des Hebräerbriefs zentriert die Soteriologie gänzlich auf den Sohn und skizziert diese in narrativer Form. Weil die Menschen aus Furcht vor dem Tod der Knechtschaft verfallen waren und somit dem Diabolos, der Macht hat über den Tod, hat der Sohn, um den Tod zu entmachten und die Menschen zu befreien, die aus Fleisch und Blut sind, auch selbst Fleisch und Blut angenommen (2,14-15), in allem seinen Brüdern, den Menschen, gleich (2,17). Dadurch hat Gott den Sohn »kurz unter [die] Engel erniedrigt« (2,9 mit Bezug auf Ps 8,5-7), ihn aber dann »um seines Todesleidens willen mit Herrlichkeit und Ehre gekrönt« (2,9) und so den Urheber des Heils durch Leiden vollendet (2,10). Daher ist dem Sohn die künftige Welt unterworfen und nicht etwa den Engeln (2,5-6), die sich vielmehr vor ihm niederwerfen müssen (1,6).

Die Engel werden im Hebräerbrief als Referenzpunkt d.h. als Bezugssystem herangezogen, um ausgehend von einem geläufigen Vorverständnis von den Engeln, das nicht hinterfragt oder eigens skizziert wird, Jesus Christus gegen diese abzugrenzen und auf diese Weise die Besonderheit Jesu Christi als Gottessohn, zugleich als Mensch und – resultierend aus beidem – als Hoherpriester herauszustellen.

apokalyptische Engelrede in der Offenbarung des Johannes

Die »Offenbarung des Johannes«, gemäß dem ersten Wort des griechischen Urtextes auch als »Apokalypse« benannt, ist die einzige Schrift innerhalb des NT aus der zu jener Zeit stark verbreiteten literarischen Gattung der Apokalypsen. Es handelt sich dabei um eine christianisierte Apokalypse, in der die üblichen apokalyptischen Motive wie Endzeit, Gericht, Kampf zwischen guten und bösen Engeln sowie prophetische Visionen über das Geschehen im Himmel von einer christlichen Deutung überzogen sind.

Das apokalyptische Geschehen, das gekennzeichnet ist durch eine Handlungsebene im Himmel mit sieben Siegeln (6,1-8,1), sieben Posaunen (8,2-11,19) und sieben Schalen (15,1-16,21) mit verheerenden Auswirkungen für den Verlauf der Geschichte auf Erden, ist überformt vom Heil in Christus.

Jesus Christus hat die Seinen erlöst durch sein Blut (1,5; 5,9), die dadurch aus der Bedrängnis entronnen sind und ihre Gewänder im Blut des Lammes weiß gewaschen haben (7,14; 22,14). Er ist wie ein geschlachtetes Lamm (5,6), welches allein würdig ist, die sieben Siegel zu öffnen (5,7-12; 6,1-8,5). Jesus Christus ist Alpha und Omega (1,8) analog zu Gott auf dem Thron (21,6). Christus ist der erste und der letzte; er war tot, doch nun lebt er in Ewigkeit und hat die Schlüssel des Todes und zur Unterwelt (1,18). Er, der »Löwe aus dem Stamm Juda und Spross aus der Wurzel Davids«, hat gesiegt (5,5), so dass er nun kommt mit den Wolken (1,7), um die Erlösten durch das Gericht hindurch zur Vollendung im himmlischen Jerusalem zu führen (21,9-22,5.17).

Die Engel erweisen sich als Mittler dieser Apokalypse-Enthüllung, die von Gott an Jesus Christus, von diesem an die Engel und von jenen an Johannes gegeben ist (1,1; 22,6.16). Die Engel erläutern als Deuteengel das visionär Geschaute. Mittler sind die Engel auch in der umgekehrten Richtung von den Menschen aus auf Gott hin, indem sie die Gebete der Heiligen wie in goldenen Schalen voll Räucherwerk vor Gott hin tragen (5,8). Aus der Hand des Engels steigt der Weihrauch mit den Gebeten der Heiligen zu Gott empor (8,3-4).

Die Engel nehmen eine aktive Rolle ein beim apokalyptischen Geschehen. Engel sind es, die die Knechte Gottes mit einem Siegel bezeichnen, um diese vor den Strafen zu bewahren (7,3-8). Die sieben Engel vor Gottes Thron (8,2; 1,4 und 4,5 nennen diese »Geister«), die wie geflügelte Cherubim übersät von Augen gezeichnet werden und zugleich wie die Seraphim aus Jes 6 das Trishagion singen (4,8), erhalten die sieben Posaunen (8,2), die nacheinander ertönen (8,6-9,20; 11,15-19) und apokalyptische Wehe-Ereignisse auf Erden auslösen wie Feuerregen und riesige Waldbrände, Meeres- und Natursterben (1.-3. Posaune), kosmische Zerstörung (4.), Menschenqualen durch Kreaturen aus einem geöffneten Abgrund (5.), entfesselte apokalyptische Reiter (6.). Bei der 7. Posaune setzt sich die Herrschaft Gottes und seines Christus durch, der die Engel übersteigt.

Drei Engel kündigen das endzeitliche Gericht an (14,6-12), ein anderer Engel kündigt die Stunde der Ernte an (14,15), wieder ein anderer schleudert seine Sichel und bringt die Welt-Ernte ein, die durch die Kelter des Zornes Gottes getrieben wird (14,19-20). Sieben Engel, in glänzendes Leinen mit goldenen Gürteln gekleidet, bringen die letzten sieben Plagen, die sie aus mit dem Zorn Gottes gefüllten Schalen über die Erde ausgießen (15,1-16,21). Ein Engel präsentiert das Strafgericht über die Hure Babylon (17,1).

Die Engel korrespondieren mit apokalyptischen Naturgewalten: Vier Engel halten die Winde an den vier Ecken der Erde (7,1). Andere vier Engel werden entfesselt, um Strafen an den Menschen zu vollziehen und ein Drittel von diesen zu töten (9,15). Ein anderer Engel wirft einen Mühlstein ins Meer, um den Untergang Babylons anzuzeigen (18,21).

Der Engel Michael führt zusammen mit seinen Engeln den Kampf gegen den Drachen und dessen Engel (12,7). Der Drache (=Schlange, Teufel, Satan), der die ganze Welt verführt, verliert seinen Platz im Himmel, wird zusammen mit seinen Engeln auf die Erde gestürzt (12,8-10), wo er für eine kurze Frist sein böses Werk fortführt zusammen mit anderen bösen Gestalten. Ein anderer Engel wirft an einer anderen Stelle der prophetischen Visionen den bösen Drachen für 1.000 Jahre in den Abgrund (20,1-3), bis dieser schließlich zusammen mit den übrigen Manifestationen des Bösen auf ewig in einen See von brennendem Schwefel geworfen wird (20,10).

Die Engel bilden darüber hinaus zugleich eine große himmlische Kulisse, die wie ein antiker Chor das Geschehen kommentieren. Die Engel stehen rings um Gottes Thron, werfen sich vor ihm nieder und singen sein Lob (7,11-12).

Eine andere, detailliert ausgeleuchtete Thronszene zeigt 4 cherubimische Seraphim, die das Trishagion singen (4,2-11). In einer nochmals anderen Thronszene singen zehntausend mal zehntausend Engel den Lobpreis auf das Lamm d.h. auf Christus (5,11-12) analog zum Lobpreis auf Gott (5,13; 7,10).

Engel und Menschen sind gleichermaßen Gottes Geschöpfe, stehen als Mitknechte miteinander auf einer Stufe. Gegen gnostische Strömungen jener Zeit wird betont, dass nicht die Engel anzubeten sind, sondern Gott allein (19,10; 22,9), wobei Christus dem Bereich Gottes zugerechnet wird. Engel und Menschen sind gleichermaßen zu jener Vollendung in Herrlichkeit berufen, die ihnen durch Christus geschenkt ist.

Kapitel 9

Engelvorstellungen in der heidnischen und christlichen Antike

Frühe christliche Auffassungen von den Engeln knüpfen neben der hellenistischen Philosophie und den weit verbreiteten orientalischen Vorstellungen über Himmel und Erde insbesondere auch an jüdisch-apokalyptische Ansichten an. Nach der Zerstörung des Tempels 70 n. Chr. bleibt im rabbinischen Judentum die Ablehnung der apokalyptischen Schriften vorherrschend, während einige christliche Kreise diesen Schriften eher offen gegenüberstehen. Diese haben daher einige jener Schriften weitertradiert und so vor ihrer Austilgung bewahrt. Dabei wird christlicherseits apokalyptisches Gedankengut auf Christus hin interpretiert, wie es etwa in der Offenbarung des Johannes der Fall ist.

Während die jüdischen Ansichten auf die Engel vom JHWH-Glauben her ihre Grenzen und ihre Normierung finden, nämlich dass es nur einen Gott gibt und dieser einzige alles erschaffen hat, innerhalb dieses Rahmens aber im rabbinischen Judentum Raum für die Aufnahme von allerlei spekulativem Gedankengut in der Volksreligiosität bleibt, so ist darüber hinaus für den christlichen Umgang mit Engelvorstellungen die Ausrichtung auf Christus wesentlich. Auf diesen hin werden die vorherrschenden weltanschaulichen Vorstellungen jener Zeit ausgelegt, die synkretistisch den unterschiedlichen Kulturen entstammen und die die Weltsicht im Römischen Weltreich und im Orient prägen.

Die Engel werden als geistige, himmlische Wesen angesehen, die von Gott – und zwar durch den Logos[53] – geschaffen sind, mit Vernunft und Freiheit begabt,[54] im

Dienst Gottes stehen (1 Clem 34,5), daher auch den Menschen insbesondere den Christen dienstbar sind (Herm IV 2,4; V 4,4), Gottes Auftrag erfüllen und Gott zusammen mit Christus im Himmel lobpreisen. Das christliche Verständnis zeichnet sich dadurch aus, dass die Engel als Christus untergeordnet angesehen werden (z.B. 1 Clem 36,2 mit Bezug auf Hebr 1,4). Gott hat zur Erfüllung seines Werkes nicht etwa einen Engel geschickt, »einen von denen, die mit der Verwaltung im Himmel betraut sind«, sondern er, der Schöpfer des Alls und von allem, was darin ist, hat sein heiliges Wort unter den Menschen Wohnung nehmen lassen (Brief an Diognet 7,2).

Auch die Engel müssen den von Gott gewählten Heilsweg in Christus anerkennen und dem menschgewordenen Christus die Ehre erweisen. »Niemand lasse sich täuschen; sogar die himmlischen Mächte und die Herrlichkeit der Engel und die sichtbaren und unsichtbaren Herrscher, auch sie müssen des Gerichtes gewärtig sein, wenn sie nicht an das Blut Jesu Christi glauben« (Brief des Ignatius an die Smyrnäer, Kap. 6).

Das Verhältnis zwischen Jesus Christus und den Engeln wird zugleich auch auf einer philosophischen Ebene reflektiert. Christlicherseits wird Jesus Christus mit dem Logos identifiziert. Der Logos aber hat in der hellenistisch geprägten Weltanschauung des Mittelmeerraums bereits zuvor eine zentrale Bedeutung, die nunmehr auf Christus Anwendung findet. Dies führt mitunter dazu, dass Christus im Logos, Christus-Glaube im spekulativen Logos-Denken aufzugehen droht. Auch die Engel werden im Rahmen dieses kosmo-ontologischen Denkmodells bedacht.

Philo von Alexandria, bedenkt zunächst aus jüdischer Sicht das Verhältnis zwischen dem Logos im hellenistischen Sinn und den Engeln, wobei die Engel selbst vom Logos her interpretiert werden.

hellenistisch interpretierte jüdische Engellehre bei Philo

Der Jude Philo von Alexandria (ca. 20 v.Chr.-45 n.Chr.), dem intellektuellen Zentrum des Mittelmeerraums in jener Zeit, interpretiert seinen Glauben, in dem er fest verwurzelt bleibt, von der hellenistischen d.h. (mittel-)platonischen und stoischen Philosophie her. Daher legt er die Tora in der griechischen Fassung der Septuaginta dem alexandrinischen Verständnis entsprechend primär auf allegorische Weise aus. Die Methode der Allegorese ist aus der Homer-Rezeption hervorgegangen. Auch in seiner Auffassung von den Engeln interpretiert Philo die jüdische Sicht auf die Engel sowohl vom Verständnis der Stoa über den Logos her als auch im Sinne des Verständnisses vom »daimonion« aus der griechischen Philosophie.

Ein »daimonion« bezeichnet bei Platon etwas unspezifisch Göttliches, das per se zwischen dem Bereich der Götter und der Welt des Menschen besteht und bei Sokrates wie eine geistige Stimme im Innern des Menschen wahrgenommen wird, die vor etwas warnen kann. Im mittleren Platonismus der römischen Kaiserzeit wird das Daimonion näher konkretisiert als göttliche Macht, wobei zwischen guten und bösen Daimonien zu unterscheiden ist. Diese Daimonien erscheinen als ein Mittleres zwischen dem göttlichen und dem menschlichen Bereich. Eusebios von Caesarea wird diese später als Schutzengel auslegen,[55] Lactantius hingegen die bösen Daimonien im Sinne verführender Dämonen.[56] Damit folgen Eusebios und Lactantius einer längeren Tradition: Bereits im Hirt des Hermas (um 150 n.Chr.) wird davon ausgegangen, dass jeder Mensch zwei Engel als Begleiter habe, einen guten und einen bösen d.h. einen Engel der Rechtschaffenheit und einen der Bosheit (Herm VI 2,1-10). Dass Engel mit guter sowie mit unrechter Zielsetzung den Menschen zur Seite stehen und auf diese einwirken, findet sich zuvor bereits in den Hymnen von Qumran (1,17; 17,17), die Vorstellung von Schutzengeln nochmals früher in der Apokalyptik (Dan 3,49; 6,23; 2 Makk 11,6; 1 Hen 100,5; syrBar 12,3; 13,1; 2 Hen 19,4) analog zur babylonischen Vorstellung von einem individuell zugehörigen Schutzgeist. Der Gedanke von einem persönlichen Schutzengel findet sich auch bei den Alexandrinern (Clemens Strom. VI 157,5; Origenes Contr. Cels. V 57; de pronc. I 8,1). Ps.-Dionysius und Gregor d. Gr. hingegen sprechen nicht von einem persönlichen Schutzengel.

Philo unterscheidet im Geschaffenen zwischen einer rein geistigen Welt (kosmos noêtos) einerseits und der sinnlich wahrnehmbaren Welt (kosmos aisthetos) andererseits. Weil gemäß seiner Erkenntnislehre stets nur Gleiches von Gleichem und durch Gleiches erkannt wird, lässt sich von der sinnlichen Welt aus die geistige Welt nicht erkennen. Der Mensch kann daher Gott nicht erkennen, wohl aber seine in der Welt wirkenden »Ideen« (platonisch gedacht) oder seine »Kräfte« (stoisch gedacht), welche bei Philo triadisch strukturiert gedacht werden. Der Logos durchwaltet diese Kräfte, und vermittelt diese vom göttlichen Bereich zur Welt hin. So ist der Logos in alles Geschaffene hinein d.h. zum Niederen hin ausgesprengt, alles durchwaltend, nach oben hin aber vereinigt er alles. Die Engel aus der Tora ebenso wie die griechischen Daimonia interpretiert Philo allegorisch im Sinne dieser »Kräfte« Gottes, die von Gott her auf die Welt hin und in der Welt wirken. Die Engel sind »unkörperliche und eudaimonische Seelen« (sacr. Abel 5), die aber wie bei Abraham auch in Menschengestalt wahrgenommen werden können. Sie sind geistig und bestehen aus Pneuma (Abrah 113).

Der Logos interagiert an der »Grenze« zwischen Schöpfer und Kreatur, Gott und Kosmos. Diesen »erstgeborenen Logos« bezeichnet Philo zugleich auch als ältesten der Engel oder als Erzengel (quis rer. div. hear. 205). Während der

Mensch der sinnlich wahrnehmbaren Welt zugehört, wenn auch als lebendiges, beseeltes und vernünftiges Wesen, treten die Engel, die der rein geistigen Welt zugehören,[57] zur Welt und zum Menschen hin als Mittler auf (gigant. 16). Bei dieser Mittlerschaft unterscheidet Philo zweierlei Typen von Engeln: Einerseits jene, die kreatürlich von oben nach unten wirken und an der Schöpfung der Welt beteiligt sind (opif. mundi 72); andererseits jene, die den Menschen beim Aufstieg nach oben, zum Geistigen hin, zu Gott hin unterfassen und unterstützen und in dieser Bewegung die Dynamik des Logos verwirklichen. Der Mensch wird dabei verstanden als eine Seele d.h. als ein Geistiges, das im Körper wie eingekerkert (platonische Sicht, nachwirkend aus Phaidon), als Geistiges aber nach oben ausgerichtet ist, nach Erkenntnis und Wahrheit sucht und so nach oben strebt. In diesem oberen Bereich wird schließlich Erkenntnis, wahre Philosophie oder eine geistige Schau Gottes möglich. In dieser geistigen Bewegung nach oben nimmt die menschliche Seele an der Dynamik des Logos sowie an der geistigen Bewegung der Engel teil, die diesen Aufstieg vermitteln, unterfassen und unterstützen.

Wie der Jude Philo den Boten JHWHs mit dem Logos identifiziert, so schließt Justin der Märtyrer (um 100-165 n.Chr.) als Christ daran an. Justin identifiziert, aufgrund der Gleichsetzung Christi mit dem Logos, Christus auch mit dem atl. Gottesboten (Dial. 127; I Apol. 6), so dass Christus zuerst als Gottesbote erschienen sei, bevor er Mensch geworden ist. Von dieser Identifikation des Logos mit Christus zu unterscheiden ist der in allem Geschaffenen waltende Logos im Sinn von »Logoi spermatikoi« (analog zur Philosophie der Stoa) d.h. dass der Logos wie versprengt in einem jeden waltet und in allem der Logos auf gewisse Weise innewohnt, also auch in allen Engeln. Im Vollsinn ist der Logos jedoch nur in Christus verwirklicht, der somit qualitativ über den Engeln steht.

alexandrinisches Engelverständnis bei Origenes

Auch bei Origenes (185-253/4 n.Chr.) steht das Verständnis von den Engeln, wie bereits bei Philo, Clemens und der alexandrinischen Schule insgesamt, im Kontext eines umfassenden kosmo-ontologischen Denkgebäudes. In dieses Denkgebäude hinein, gleichsam eine Theorie über alles, was ist, wird auch der christliche Glaube eingeordnet und aus diesem Verständnis heraus interpretiert.

Alle Vernunftwesen, d.h. die Engel aber auch jene, die von oben ausgehen oder die zu Menschen werden, haben einen gemeinsamen Ursprung (Perì archōn [de principiis] III 4,5). Dieser gemeinsame Ursprung ist als Anfang in der Zeit im Unterschied zum ewigen Dasein Gottes sowie des Logos anzusehen (III 4,4). Dieser Anfang ist in der unsichtbaren Welt verortet und kann im Sinne einer Beheimatung als »Wohnung bei Gott«, als »ursprüngliche Seligkeit« oder als »Ruhe im Himmel« umschrieben werden (III 4,4), was einem Urzustand der Vernunftwesen beim Guten und Einen entspricht (II 1,1).

Die Vernunftwesen sind das, was sie ausmacht, durch den Logos. In diesem gründet ihre Vernunft sowie ihre Dynamik, gemäß der ihnen innewohnenden Vernunft zum Besseren voranschreiten zu können (I 4,2). Aufgrund ihrer geistigen Freiheit kommt den Vernunftwesen jedoch auch die Möglichkeit zu, statt im Guten sich zu vollziehen und zum Besseren voranzuschreiten, aufgrund der Begierde aus der geistigen Höhe des Urzustands freiwillig herabzusteigen (III 4,5), aus der ursprünglichen Seligkeit in ein niederes Dasein »hinabzusteigen« oder zu »fallen« und so auf die Erde zu gelangen (III 4,4). Dazu erschafft Gott ihnen eigens geeignete Leiber, die für den Aufenthalt in der Niedrigkeit der Erde angemessen sind (III 4,4), die ihnen aber zugleich die Möglichkeit zum Aufstieg nach oben und zur Rückkehr in den Anfangszustand offen halten.

Parallel zu diesem Abstieg oder Abfall aus der Höhe steigen einige Vernunftwesen freiwillig mit hinab, um den Gefallenen als Helfer die Hand zu reichen (III 4,6). Diese Vernunftwesen sind es, die als Engel bekannt sind, von denen einige als Helfer, andere als Lenker sich betätigen. Das lenken bezieht sich auf durchaus kosmische Aufgaben, etwa die Gestirne zu bewegen oder die Elemente Feuer, Wasser. Luft und Erde zu lenken, ebenso die Pflanzen.[58] Die Engel steigen freiwillig hinab, um den Bedürfnissen in der Welt zu dienen (III 4,6). Während die Gefallenen (Menschen) der Hilfe bedürfen, sind einige gute Engel dazu angetan, ihnen Hilfe zu bringen, während andere Engel Hindernisse verursachen, die es zu überwinden gilt wodurch sich der Eifer der Gefallenen auf dem Weg des Aufstiegs bewähren kann (II 1,2).

Es gibt also Engel Gottes d.h. gute Mächte, die auf dem Weg des Aufstiegs d.h. bei der Erlösung ihren Dienst leisten (Vorrede 10). Über die Engel hinaus ist es aber niemand anderes als der Logos selbst, das unsichtbare Ebenbild des unsichtbaren Gottes (II 3,6), der als Gottes Sohn eigens hinabsteigt, im Unterschied zu den freiwillig mit absteigenden Engeln sogar einen menschlichen Leib annimmt (II 6,1) und den Kreuzestod erleidet, um die Ordnung wieder herzustellen (III 4,6) d.h. die Erlösung der Gefallenen zu vollbringen und deren Aufstieg heimwärts in die unsichtbare Welt zu ermöglichen.

Schließlich werden alle, die Christus untertan sind und kraft des Logos den Wiederaufstieg vollbringen, ihre Körper ablegen und wieder in der unsichtbaren, geistigen Welt daheim sein (II 3,3). Möglicherweise handelt es sich nach

Auffassung des Origenes auch um eine Rückkehr und Wiederherstellung von allem (Apokatastasis). Aufgrund der Freiheit könnte es vom erneut erreichten Urzustand aus erneut zu einem »Fall« einiger Vernunftwesen kommen, so dass erneut Abstieg und Aufstieg vollzogen würden, was einen neuen Äon bedeuten würde (II 3,5).

gnostische und antignostische Engelauffassungen

Die spekulative Sicht auf die Engel sowie auf den christlichen Glauben insgesamt bieten Anknüpfungspunkte für insbesondere im 2. und 3. Jhd. in der gebildeten Bevölkerung weit verbreitete gnostische Vorstellungen. Gnostische Lehren begegnen in einem breiten Spektrum an unterschiedlichen Ausprägungen. Diesen gemeinsam sind Auffassungen u.a. vom Prinzip der Gegensätzlichkeiten, die alles, was ist, durchziehen und die wie Pole aufeinander bezogen sind wie etwa gut – böse, Licht – Finsternis oder Geist – Fleisch. Auch in einigen christlichen Kreisen wird gnostisches Gedankengut rezipiert, von anderen wie z.B. Irenäus von Lyon wird solche Gnosis als häretisch heftig kritisiert.

Die Welt gilt als vom Demiurgen geformt, einem Engel, der eigenmächtig das Materielle erschaffen hat, dem ein niederer Seinsgrad zukommt, aber auch das Seelische, das den Menschen innewohnt (Irenäus v. Lyon, Adv. Haereses I 5,1-2). Auch sieben Himmel hat er geformt, über denen er thront (ebd.). Dieser Demiurg, der zu schwach ist, um das höhere Geistige zu erkennen, wird zugleich mit dem Gott Israels identifiziert (I 5,4; I 24,2). Dabei stellt der Demiurg selbst nach gnostischen Lehren nur eine Emanation aus dem Höheren dar. Daher wird er selbst auch als Engel, und zwar als »gottähnlicher Engel«, angesehen (I 5,2).

Die Emanationen vom Höchsten zum niederen werden in den unterschiedlichen gnostischen Lehren auf verschiedene

Weisen benannt. Ihnen gemeinsam ist jedoch die Annahme von zahlreichen Emanationsstufen. In der christlich-dualistischen Lehre der sog. Barbelo-Gnostiker (I 29; Apokryphon des Johannes), einer von zahlreichen gnostischen Gruppierungen, geht aus dem Einen, dem unermesslichen Geist, der erste Gedanke hervor, welcher auch Barbelo genannt wird. In dieser Barbelo entsteht aus dem unermesslichen Geist ein Lichtfunken, der vom unermesslichen Geist mit Vollkommenheit gesalbt wird und aufgrund dieser Salbung Christus genannt wird. Diesem Christus tritt die Vernunft zur Seite, die durch das Wort das All erschafft, dessen Haupt Christus ist.

Die Vernunft-Sophia lässt ohne den unermesslichen Geist nur aus sich heraus den daher unvollkommenen Jaldabaoth d.h. den Demiurgen erstehen, welcher der erste Archon-Herrscher ist. Aus diesem erstehen zwölf Archonten, aus diesen wiederum sieben Kräfte und aus diesen weitere Engel und nochmals weitere Engel über mehrere Stufen. Jaldabaoth, der Demiurg, erschafft schließlich auch den Menschen.

Aus Engeln geht nach der Lehre der Ophiten und Sethianer-Gnosis der erste Himmel mit weiteren Engeln hervor, aus diesen der zweite Himmel mit seinen Engeln usw. bis zum letzten, dem 365. Himmel mit seinen Engeln (I 30,5), die wiederum die Welt mit allem, was in ihr ist, geformt haben. Deren Anführer ist der Gott Israels (I 24,4). Die Schöpfung und Herrschaft über die Welt durch diese niederen Engel ist jedoch nur unvollkommen aufgrund ihrer niederen Emanationsstufe. Insgesamt werden Engel in überwältigender Anzahl angenommen auf den einzelnen Emanationsstufen mit jeweils eigenem Himmel.

Die Kritik an der Rezeption gnostischer Lehren durch christliche Kreise zielt darauf ab, dass nicht etwa durch Emanation, sondern durch die Schöpfung alles, was besteht, hervorgegangen ist. Alles, was ist, ist nicht über zahlreiche

Emanationsstufen, nicht durch Kaskaden von Zwischenwesen, sondern durch Gott selbst geschaffen worden. Christus ist Gottes eigener Sohn und nicht etwa ein Engel, aus Gott gezeugt und nicht durch männliche und weibliche Engel-Äonen hervorgebracht (I 2,6). Die Erlösung des Menschen ist denn auch tatsächlich durch Christus bewirkt worden im Unterschied zum gnostischen Verständnis, das die Erlösung als Fortschreiten in der Erkenntnis ansieht, wobei das lichthaft Erkannte erlösend wirkt. Auch die Engel sind im christlichen Verständnis direkt von Gott erschaffen und nicht etwa durch Kaskaden von Emanationen hervorgegangen.

Engelvorstellungen bei Augustinus

Augustinus entwirft seinen Blick auf die Engel auf dem Hintergrund seines durch Porphyrius und Marius Victorinus neuplatonisch geprägten Weltverständnisses, welches trotz seiner »Bekehrungen« dennoch teilweise gefärbt bleibt von gewissen manichäischen Einflüssen.

Augustinus betrachtet die Schöpfung der Engel sowie jegliche Schöpfung von allem als alleinigen Akt Gottes, der in seiner Allmacht sowie in seiner Freiheit begründet ist. Schöpfung in diesem Sinn bedeutet keine Emanation von oben nach unten, die, vom Höchsten ausgehend, zwangsläufig erfolgen würde. Indem er Gott allein als Schöpfer bekennt, schließt Augustinus einen echten Dualismus auf der Ebene des ersten Prinzips aus. Gott allein ist der Grund von allem und er handelt ohne Notwendigkeit in Freiheit.

Gemäß der vorherrschenden Weltsicht einer Schichtontologie betrachtet Augustinus die Wirklichkeit gleichwohl aufgespannt zwischen Einheit und Vielheit, zwischen dem höchsten Sein und nichts. Alles, was ist, ist mehr oder weniger seiend, mehr oder weniger eines, wahr oder gut, so wie die Intensität des Lichts mit dem Abstand von seiner

Quelle abnimmt. In ein solches schichtontologisches Verständnis von der Wirklichkeit ist das gesamte Denken des Augustinus eingebettet. Auch das Verständnis von christlichen Glaubensfragen sowie die Interpretation von Texten der Hl. Schrift sind eingeordnet in ein übergreifendes ontologisches Konzept von der Wirklichkeit und finden darin ihren Platz.

Die Engel stehen sehr weit oben in der Seinshierarchie. Sie sind aber Geschöpfe und nicht etwa göttlich, wie manche Platoniker meinen und denen Augustinus dies als Irrtum vorwirft (de civitate Dei/Vom Gottesstaat X,3). Auch sind die Engel nicht schöpferisch im eigentlichen Sinn (XII,25 [24]). Gott ist es, der wirkt, auch vermittels der Engel (XII,26 [25]) u.a. bei den Wundern (X,12). Die Engel stehen im Dienst Gottes. So vermitteln sie Gottes Gesetz von oben nach unten, bis in die Sphäre des Sichtbaren hinein (X,15) oder vermitteln Gottes Mitteilung in die Welt hinein.

Die Engel sind veränderlich, während nur Gott selbst und alles Göttliche einfach und unveränderlich ist (XI,10), alles, was er geschaffen hat, hingegen veränderlich. Der Sohn aber, der zugleich das Wort ist, gehört zum Bereich Gottes; Augustinus nennt ihn daher »gezeugt«, nicht geschaffen. Der Sohn ist also kein Engel Er ist ein anderer als Gott der Vater oder Gottes Heiliger Geist, aber er ist nicht ein anderes, sondern Gott (XI,10). Als solcher steht der Sohn über den Engeln, als Menschgewordener steht er in Knechtsgestalt unter den Engeln (IX,15).

Die Engel aber übertreffen im Bereich des Geschaffenen alles übrige, was Gott erschaffen hat, an Seinsmächtigkeit und Würdigkeit des Wesens (XI,15). Die Engel wurden als Licht geschaffen (XI,11). Augustinus ordnet die Engel daher gemäß der ersten Schöpfungserzählung dem Anfang des Schöpfungswerkes Gottes zu. Die Engel sind also zu Anfang erschaffen (XI,9), d.h. innerhalb der Zeit bzw. mit dem

Anfang der Zeit, und somit haben sie zu jeder Zeit seit Beginn des Schöpfungswerks existiert (XII,16); denn es gibt nichts, das außerhalb dieses Schöpfungswerks d.h. »davor« erschaffen worden wäre (XI,32).

Dass die Engel Gottes Geschöpfe sind, sieht Augustinus auch durch zahlreiche Schriftstellen gestützt wie etwa durch den Lobgesang der drei Jünglinge im Feuerofen (Dan 3,57 f.), in dem die Engel erwähnt werden oder durch Ps 148. In der ersten Schöpfungserzählung der Genesis werden die Engel zwar nicht ausdrücklich genannt. Augustinus erachtet diese jedoch mitgemeint in der Aussage, dass Gott im Anfang Himmel und Erde erschaffen hat. Auch sieht er die Engel mitgemeint in Gottes Erschaffen des Lichtes (XI,9), da die Engel als reines Licht geschaffen sind (XI,11).

Der Engel ist vom wahren Licht erleuchtet, so dass dieses Licht sein Wesen ausmacht. Dieses Erleuchtetsein ist aber ein Erleuchtetsein in Gott, weil diese Erleuchtung in Gott gründend sich dauerhaft vollzieht. Der Engel hat das Licht, das sein Wesen ausmacht, nicht in sich, sondern bleibend aus Gott und in Gott (XI,9) nach Art einer creatio continua oder illuminatio continua. Gott bedeutet für Augustinus stets den dreifaltigen Gott. Gott hat alles in Weisheit geschaffen durch den eingeborenen Sohn, der als das wahre Lucht zugleich jeden Engel und jeden Menschen erleuchtet (XI,9).

Von diesem Erleuchtetsein aus Gott haben sich einige gewisse Engel abgewendet; dabei haben sie Vernunft in Torheit verkehrt (XI,11) und sind vom Licht Gottes durch ihren eigenen Willen abgefallen (XI,13). Der freie Wille d.h. das liberum arbitrium besteht darin, nach oben und nach unten blicken und sich in diese oder jene Richtung entscheiden zu können. Die Natur der abgefallenen Engel ändert sich durch ihre Hinwendung nach unten nicht; seinsgemäße und abgefallene Engel haben von Schöpfungs wegen die gleiche Natur (XII,1), ein jeder Engel das ihm von Schöpfung her zugedachte und zugemessene Wesen. Sie haben sich aber von Gott als der Quelle des Lichts d.h. von Gott, der zuhöchst ist (XII,6), abgewandt und dem eigenen Ich zugewandt aufgrund ihrer dünkelhaften Selbstüberhebung (XII,1).

Die aufgrund eigener Freiheit abgefallenen Engel begeben sich dadurch in einen Widerspruch zu ihrem eigenen Wesen. Dieses Wesen der Engel besteht darin, in Gott und aus Gott sich erleuchten zu lassen (XI,9) und Gottes Dreifaltigkeit in »unmittelbarer Gegenwart« zu schauen (XI,29) und auch das Geschaffene hieraus d.h. von Gott her zu erkennen sowie sich selbst von Gott her zu erkennen (ebd.). Statt also im Licht des Herrn zu weilen, finden diese Engel nur Finsternis in sich selbst. Diese Finsternis bedeutet kein Gegenprinzip zu Gottes Licht, sondern den Verlust dieses Lichtes. Das Böse stellt keine eigene Wesenheit dar, erst recht keine Emanation aus einem bösen Prinzip, sondern es besteht in mangelhafter Weise als Fehlen des Guten (XI,9). Das Böse hat kein eigenes Sein, es besteht im Fehlen an Gutem (privatio boni), einem Seinsmangel im Sinne einer seinswidrigen Dynamik abwärts in Richtung nichts

Der abgefallene Engel wendet sich ab vom Licht, das zu schauen seinem Wesen entsprechen würde, zum niederen hin, wo kaum oder kein Licht mehr ist. Er wendet sich vom höchsten Sein ab nach unten in Richtung nichts. Er wendet sich vom Geist ab hin zum niederen Fleisch. Dadurch vermindert er seine Partizipation am höchsten Sein, am Licht, am Guten, Wahren und Schönen und gelangt in die Niedrigkeit, dahin, wo kaum mehr Gutes, Wahres und Schönes, kaum mehr Sein, kaum mehr Leben gegeben ist.

Für den menschlichen Geist gilt dies analog zu den Engeln. Auch die menschliche Seele ist mit Vernunft und Erkenntnis begabt. Ihre Freiheit vollzieht sich im liberum arbitrium, sich nach oben oder nach unten orientieren und hinwenden zu können. Gut ist es, sich nach oben zu Gott hin zu wenden, Sünde bedeutet, sich nach unten in Richtung nichts zu wenden, und durch die eine oder die andere Hinwendung an Sein zu gewinnen oder an Sein zu verlieren. Fällt man auf ein niederes Maß an Sein, so wird eine Hinwendung nach oben und ein Aufstieg zu Gott aus eigener Kraft nicht mehr möglich. Dies ist nur aufgrund der eigens zugemessenen Gnade Gottes noch möglich.

Augustinus versteht den Menschen durch die Erbsünde der Konkupiszenz erlegen (vgl. gefallene Engel und menschl. Frauen XV,23). Die erbsündlich verdorbene Sexualität führt ihn nur noch mehr weg von seiner Bestimmung zum Aufstieg zur Transzendenz, abwärts zum nichtigen Elend des Fleisches, woraus der Mensch aus eigener Kraft nicht mehr entrinnen kann. Das Schicksal des gefallenen Menschen hängt also an der Gnade d.h. an der Anbindung an Christus, wofür Augustinus die Bezeichnung »sacramentum« gebraucht.

Augustinus unterscheidet zwei Reiche (XII,1): die civitas Dei d.h. der Gottesstaat und die civitas terrena d.h. ein irdisches Reich, zu dem auch die gefallenen Engel gehören. Beide Reiche bestehen in einer Spannung zueinander, ihre Grenze kann quer zu allem verlaufen, sogar durch die einzelne Seele hindurch. Die Engel gehören von ihrem Wesen her eigentlich zum Gottesstaat, da sie durch die Teilhabe am Licht Gottes in Glückseligkeit verweilen und Gott mit der Reinheit ungeteilter Liebe anhangen (X,1). In der Verehrung Gottes vollziehen die Engel einen speziellen Dienst. Es ist ein Gottesdienst d.h. der Dienst der Verehrung, die sich nur auf Gott überhaupt beziehen kann und die nur Gott geschuldet ist (ebd.).

Die Engel wünschen, dass auch die Menschen nur Gott verehren und nicht etwa Engel verehren oder zeitliche Dinge (X,7). So sind auch die Menschen dazu geschaffen, durch den Aufstieg nach oben zu Gott zu dieser Verehrung Gottes und zu diesem Gottesdienst zu gelangen und so zusammen mit den Engeln in der Gemeinschaft der civitas Dei Glückseligkeit zu erreichen (XI,12), welche in der Schau Gottes, der Verehrung Gottes und der Hingabe an Gott besteht (XII,1). Die Vollendung der Glückseligkeit bedeutet, dem anzuhangen, der zuhöchst ist (XII,6). Der gute Wille vollzieht sich zuhöchst in der Liebe zum Höchsten (XII,9).

In der civitas Dei besteht eine Gemeinschaft all jener, die Gott in dieser höchsten Weise verehren. Die Engel machen einen großen Teil dieser civitas Dei aus (XI,9). Die civitas Dei besteht bei den Engeln »oben«. Ihr Ursprung und ihre Seligkeit und ihre Vollendung ist Gott selbst, der allein das Glück d.h. die Glückseligkeit sowohl in sich als auch für alle ist. Gott hat die civitas Dei gegründet, Gott hat sie erleuchtet, Gott ist ihr Genuss (XI,24).

Diese Gemeinschaft der civitas Dei besteht zwischen den Engeln untereinander,[59] eine Gemeinschaft der Heiligen, in die auch die aufgestiegenen, begnadeten Menschen einbezogen werden; eine Gemeinschaft, die wesentlich in der Gemeinschaft mit Gott gründet und sich aus dieser vollzieht (XII,1); eine Gemeinschaft der Heiligen aus Engeln und Menschen, in der Gott alles in allem sein wird (XIV,28).

Engelhierarchien bei Pseudo-Dionysius Areopagita

Pseudo-Dionysius verortet die Engel strikt im Kontext einer neuplatonischen Seinshierarchie. Bei Ps.-Dionysius handelt es sich um einen unbekannten Autor aus der Zeit um den Anfang des 6. Jhd. (Schriften um 476-518/28), möglicherweise ein Mönch aus Syrien, der sein Pseudonym in Anlehnung an den in Apg 17,34 erwähnten Dionysius wählt, um seinen Schriften mit der Autorität eines Paulus-Schülers Geltung zu verschaffen.

In den Schriften des Ps.-Dionysius sind starke Einflüsse der Neuplatoniker Plotin, Porphyrios und Proklos sowie der alexandrinischen Schule (Clemens, Origenes) und der drei Kappadokier unverkennbar, worauf sich die Datierung stützt. Viele Begrifflichkeiten und Sichtweisen aus seinen einflussreich gewordenen Schriften stammen nicht von Ps.-Dionysius selbst, sondern wurden aus diesen Traditionen übernommen. Dabei unterwirft Ps.-Dionysius die rezipierten neuplatonischen Auffassungen einer christianisierten Interpretation wie auch umgekehrt den christlichen Glauben einer strikt neuplatonischen Interpretation.

Jede Seinszumessung kommt von oben und steigt vom Göttlichen aus herab in den obersten Bereich des Geschaffenen, von dort aus weiter nach unten in die nächste Ebene des Kreatürlichen usw. über zahlreiche hierarchische Stufen bis hinab zu den niedrigsten Seienden, die es gibt. Die kreatürliche Wirklichkeit ist hierarchisch aufgebaut.

Die Engel verortet Ps.-Dionysius in den höchsten Bereichen von allem Geschaffenen. Alles, was ist, jedes Seiende hat mehr oder weniger d.h. entsprechend dem ihm zukommenden Maß gemäß seinem Wesen einen Anteil am Sein, den es überhaupt erreichen kann (de caelesti hierarchia 10,3). Alles, was ist, ist insofern hierarchisch strukturiert entsprechend seinem Maß der Teilhabe am Sein. Alles Sein aber gründet in Gott, dem absoluten Einen, der alles ins Dasein gerufen hat (4,1), der selbst jedoch über-seiend (hyperoúsios) qualitativ über allem in sich besteht.

Das Göttliche bezeichnet Ps.-Dionysius in überstieglicher Weise als »überseiend«, als »Über-Gott« und »Über-Gutes« (de mystica theologia 1,1). Dieser überstiegliche Weg der Theologie beruht darauf, alles Positive in der Wirklichkeit auf Gott als seinen höchsten Grund zurückzuführen (positive Theologie), zugleich aber festzustellen, dass Gott selbst nichts von alledem ist (negative Theologie), sondern dass er darüber hinaus (überstiegliche Theologie) als höchster Grund von allem (de mystica theologia 1,2) und über alles hinaus d.h. jenseits von allem besteht (de mystica theologia 1,3).

Gemäß dem neuplatonischen Wirklichkeitsverständnis wird das Göttliche als das höchste Eine (Hen) schlechthin angesehen, absolut transzendent gegenüber allem Seienden, transzendent sogar gegenüber allem Sein. Auf einer obersten Emanationsstufe noch im Bereich des Göttlichen kennt der Neuplatonismus aber auch eine geistige Selbstbezüglichkeit innerhalb des Göttlichen aufgrund des Nous (Geist), der aus dem Einen hervorgeht, so dass aus dieser Selbstbezüglichkeit des Nous zum Einen (Hen) in einer weiteren Emanation die Psyché (Seele, Weltseele, Logos) hervorgeht. Somit ergibt sich innerhalb des Göttlichen aufgrund der Emanation aus dem höchsten Einen zugleich eine Dreiheit.

Auf diese Dreiheit überträgt Ps.-Dionysius das christliche Theologoumenon von der Trinität. Diese Dreiheit erkennt Ps.-Dionysius zugleich als prägendes Prinzip, das sich in der Struktur der Wirklichkeit abbildet, zuhöchst in der Hierarchie der Engel, die Ps.-Dionysius in drei Ordnungen (Hierarchien, Triaden) gegliedert annimmt, von denen jede in sich nochmals triadisch in drei Rängen strukturiert ist. Diese Einsicht in eine Hierarchie aus drei dreiteiligen Engelordnungen schreibt Ps.-Dionysius der Mitteilung durch seinen himmlischen Lehrer zu (de caelesti hierarchia 6,2; aus dieser Schrift auch nachfolgend zitiert).

Dieses von oben nach unten offenbarte Wissen um die Engel dient dazu, die intentionale Ausrichtung von unten nach oben und den geistigen Aufstieg zu befördern, denn der menschliche Geist könnte nicht aus eigener Kraft zum Himmel aufsteigen. Aufgrund der Begrenzung des menschlichen Geistes bleibt auch alle Offenbarung über die Engel stets bildhaft (1,3), um die Engel als an sich gestaltlose Geistwesen, die ohne jeglichen Leib bestehen (2,2; 4,2), nach unten anschaulich zu vermitteln (2,1) entsprechend dem menschlichen Erkenntnisvermögen (2,3). Die Zahl der Engel ist unzählbar (14), denn um die Zahl und Beschaffenheit der himmlischen Ordnungen der Engel weiß nur Gott allein. Die Engel selbst kennen ihr eigenes Wesen, ihre eigenen Kräfte und ihren Platz in der himmlischen Hierarchie, sie haben keinen Überblick über die Hierarchien. Jedes menschliche Wissen über die Engel beruht einzig darauf, dass Gott bestimmte Menschen vermittels der Engel über diese belehrt hat (6,1).

Die Bezeichnungen für die drei dreigliedrigen Ordnungen der Engel findet Ps.-Dionysius in der Tradition. Die alttestamentlich belegten Seraphim und Cherubim, sowie die Erzengel und Engel werden um die fünf weiteren u.a. bei Paulus erwähnten Bezeichnungen ergänzt: Mächte (Röm 8,38; 1 Kor 15,24; Eph 1,21), Gewalten (1 Kor 15,24; Eph 1,21; Kol 1,16), Fürsten (Röm 8,38; 1 Kor 15,23; Eph 1,21; Kol 1,16), Herrschaften (Eph 1,21; Kol 1,16) und Throne (Kol 1,16).

Von den drei Hierarchie-Ordnungen der Engel mit jeweils drei Rängen besteht die oberste Ordnung aus den Seraphim, Cherubim und Thronen. Diese stehen Gott am nächsten, weil sie in höchstem Maß am Sein teilhaben (7.1). Ihre Namen deuten hin auf das Erglühen sowie auf die Fülle der Erkenntnis und Weisheit, die ihnen aufgrund ihrer Nähe zum Ursprung zukommen. Sie schauen in einem immateriellen Licht hin auf Gott, der selbst über alle Erkennbarkeit hinaus ist, d.h. sie schauen auf die göttliche Trinität und stehen auch mit Jesus Christus in nächster Gemeinschaft. Diese Orientierung hin auf Gott, das Hinschauen auf ihn, bedeutet keinerlei diskursive Erkenntnis, sondern ein höchstmögliches Erleuchtetwerden mit einem dreifachen Strahl unmittelbar von Gott her. Die höchste Ordnung der Engel wird mit einem Licht von Gott her erfüllt, das jede Erkenntnis übertrifft und zur Beschauung führt. Aufgrund dessen werden die Engel der höchsten Ordnung als vollkommen bezeichnet, weil es ein stärkeres Erfülltwerden vom göttlichen Licht, einen höheren Anteil an Sein oder Leben nicht gibt (7.2). Die oberste Triade erfreut sich der unmittelbaren Anschauung Gottes (7.4). In umgekehrter Richtung von unten nach oben gleichen sich diese Engel dem Göttlichen an (7.4), welches sie erleuchtet und das sie beschauen; insofern sind sie von »Theosis« [Vergöttlichug] erfüllt (7.2).

Die mittlere dreiteilige Engelordnung beschreibt Ps.-Dionysius bestehend aus Herrschaften, Mächten und Gewalten. Die Herrschaften (kyriotetes) verkörpern ein Herrschertum ohne jede erniedrigende Knechtschaft, das nach oben zur Urquelle aller Herrschaft strebt. Die Mächte (dynameis) werden nach ihrem machtvollen Aufstreben nach oben bezeichnet, die Gewalten (exousiai) stellen die wohlgeordnete und unverwirrbare Harmonie bei der Aufnahme des Göttlichen dar.

Die dritte Engeltriade besteht aus Fürsten (archai), Erzengeln und Engeln. Erstere sind benannt aufgrund ihrer Hinwendung zum obersten Urgrund, die Engel nach ihrem Botenauftrag, die Erleuchtung von oben an Wesen aus nachfolgenden Seinsordnungen weiterzugeben. Von diesem Botenauftrag her leitet sich der Gebrauch der Bezeichnung Engel für alle Wesen der dreigliedrigen Triaden ab, denn die oberen Wesen schließen die positiven Momente, die die unteren Wesen auszeichnen, jeweils in höherer Weise in sich (5). Insofern können auch z.B. die Seraphim Engel genannt werden.

Der jeweils erste Rang innerhalb einer Hierarchietriade nimmt in besonderer Weise die Erleuchtung von oben entgegen, der dritte Rand gibt diese Erleuchtung nach unten weiter – zwangsläufig in abgeschwächter Weise aufgrund der jeweils niedrigeren Seinsstufe der nachfolgenden Wesen (8.2;

7.3). Der jeweils mittlere Rang in einer Triade vermittelt von oben annehmende und nach unten weitergebende Engel zueinander und sorgt für einen Austausch zwischen beiden.

Gemäß dem hierarchischen Stufenaufbau (taxiarchia) der Wirklichkeit gelangen das göttliche Licht, Erkenntnis, Weisheit und Leben von oben nach unten, wobei die Fülle von Stufe zu Stufe abnimmt wie auch das Sein mit um so größerer Entfernung vom Ursprung abnimmt. Den Engelhierarchien kommt als den seinsmäßig höchsten Wesen die Aufgabe zu, das göttliche Licht von oben nach unten mitzuteilen, worin das Wesen ihres Botendienstes als Engel (angeloi) besteht (4.2).

Den jeweils hierarchisch höheren Engeln kommt daher die Aufgabe zu, den Wesen auf der jeweils nächsten Hierarchiestufe als Mystagogen und als Führer zur Erleuchtung zu dienen (4.3). Von der obersten Trias wird die zweite, von der zweiten die dritte Trias und von dieser die kirchliche Hierarchie auf der Erde zum Urprinzip aller Ordnung emporgeführt (10,2). Ein solcher Dienst an den Menschen kommt den einfachen Engeln zu.

Gregor d. Gr. hat die Lehre von neun Engelschören auch im Westen verankert.[60] Maximus Confessor hat im 7. Jhd. die Schriften des Ps.-Dionysius kommentiert, was ihre Rezeption in der byzantinischen Kirche verstärkte. Johannes Scotus Eriugena hat die Schriften im 9. Jahrhundert ins Lateinische übersetzt. Infolgedessen haben die Schriften des Pseudo-Dionysius einen bedeutenden Einfluss auch auf die westliche Theologie in den nachfolgenden Jahrhunderten und auf die Scholastik ausgeübt.

Kapitel 10

Weitere Entwicklungen der Engellehren bin zum ausgehenden Mittelalter

Sicht auf die Engel im byzantinischen Osten

Im Osten bleiben die Überlegungen über die Engel aus der Patristik lebendig, wie auch die Spätantike im Unterschied zum Westen noch fortwährt und nachwirkt bis zum Fall von Konstantinopel 1453. Die Engel werden gewürdigt als von Gott geschaffene, ihm dienende, mit Vernunft und Freiheit begabte Geistwesen mit einer gewissen relativen Körperlichkeit: Im Vergleich zu den Menschen gelten sie als unkörperlich, in Relation zu Gott jedoch erscheinen sie vergleichsweise grob und stofflich. Im Kontext der antiken Lehre von den vier Elementen werden die Engel einzelnen Meinungen zufolge für aus Feuer und Luft bestehend gehalten, während die Menschen aus Erde und Wasser bestehen.[61]

Die Engel schauen Gott, freilich ohne ihn zu erschauen oder sein Wesen zu erfassen. Die Engel beschauen vielmehr Gottes Glorie,[62] sind ganz von ihm erfüllt (bzw. vom Logos),[63] nicht nur aufgrund der Schöpfung durch Gott, sondern durch die Gnade des Heiligen Geistes.[64]

Die himmlische Liturgie, die von Beschauung, Anbetung und dem Lobpreis Gottes geprägt ist, spiegelt sich in der kirchlichen Liturgie, die an der himmlischen teilhat. So werden alle in der Liturgie vereint: die Engel im Himmel, die schon bei Gott verherrlichten Märtyrer und Heiligen sowie die Menschen auf Erden, die, auf Christus getauft und vom Heiligen Geist gesalbt, in den himmlischen Lobpreis mit einstimmen. Diese Verschränkung himmlischer und kirchlicher

Liturgie kommt im Cherubikon, dem Cherubimischen oder Mystischen Hymnus der byzantinischen Liturgie, zum Ausdruck: »Die wir die Cherubim auf mystische Weise abbilden und die lebenschaffende Dreiheit mit dem Hymnus ‚Dreimal Heilig' besingen – lasst uns nun jegliche Sorge des Alltagslebens ablegen, auf dass wir den König des Alls empfangen, der unsichtbar von den himmlischen Heerscharen im Triumph geleitet wird.«

Über die Verschränkung himmlischer und kirchlicher Liturgie hinaus gelten die Engel als von Gott zum Dienst an den Menschen gesandt, ihnen beizustehen unter den Bedingungen der irdischen Pilgerschaft, das Licht der Offenbarung von Gott her zu vermitteln und ihnen beim Aufstieg zu Gott behilflich zu sein. Die Engel sind »Diener eines Meisters, der sich selbst erniedrigt hat, um den Menschen zu helfen. Während er es als Herr getan hat, tun sie es als Diener.«[65]

Analog zur Verschränkung himmlischer und kirchlicher Liturgie kennt die Volksfrömmigkeit die Gemeinschaft zwischen Engeln und jenen, die auf Erden ein »engelgleiches« Leben führen wie etwa die Mönche und Asketen in der Wüste, die in ihrer Lebensführung gleichsam ein unblutiges Martyrium auf sich nehmen, oder die Jungfrauen. Legenden wie die vita Antonii zeichnen das Bild von Engeln, die den Einsiedler Antonius in der Wüste aufsuchen. Andere Erzählungen sprechen hingegen von gefallenen Engeln, die als Dämonen die Asketen in Versuchung führen.

Origenes hat die Unterscheidung gelehrt, den Engeln Verehrung, aber keine Anbetung, welche allein Gott gebührt, zukommen zu lassen.[66] Gleichwohl bricht sich die Verehrung der Engel analog zur Heiligenverehrung in der Volksfrömmigkeit Bahn, wie zahlreiche Kirchweihen auf Engels-Titel, Engel-Wallfahrtsorte wie am Monte Gargano aufgrund von Engel-Erscheinungen oder die Popularität von Ikonen-Bildern belegen. Teilweise werden auch Grenzen zu magischen Vorstellungen überschritten, als könnten mithilfe der Engel, durch die Anrufung ihrer Namen oder durch Engel-Ikonenbilder darin innewohnende Energien Gottes verfügbar gemacht werden. Das Decretum Gelasianum verbietet den Gebrauch von Engels-Amuletten. Synoden verbieten die Anrufung bestimmter außerbiblischer Engel-Namen, bei denen aufgrund ihrer apokryphen Herkunft unklar bleibt, ob diese nicht Namen von Dämonen sein könnten.

Wiederholt werden durch Konzilien oder Synoden Klarstellungen vorgenommen, die einige spekulative Gedanken im Verhältnis von Engeln und Christus abwehren: etwa dass der Logos nicht nur Mensch, sondern auch Engel geworden wäre; ein Seraph unter Seraphim, ein Cherub unter Cherubim. Die Engel bestehen weder aus göttlicher Substanz noch aus göttlicher Energie,[67] sondern sind von Gott geschaffen, während Jesus Christus zum Bereich Gottes gehört, der selbst kein Engel, sondern Mensch geworden ist. Daher werden die Engel christlicherseits als Christus untergeordnet verehrt.

Dass die Menschennatur durch die Gnade sogar über die Engel erhöht werden kann, wird an Maria offenkundig. Diese hat Jesus Christus geboren und ist damit zur Gottesgebärerin geworden, wie das Konzil von Ephesus 431 lehrt. Als Gottesgebärerin (theotokos im Unterschied zur Gebärerin des bloßen Menschenleibes Jesu) steht Maria dem Sohn Gottes näher als die Seraphim, daher wird Maria als über die Engel erhoben verehrt. Bildliche Darstellungen zeigen Maria zusammen mit ihrem Sohn kaiserähnlich von Engeln umgeben illustriert.[68] Der Hymnos akathistos aus Konstantinopel, seit 626 entstanden und angesichts der Ikone Maria Hedegetria gesungen, zeigt die Engel erschaudern vor dem Geheimnis der Menschwerdung[69] und besingt Maria, die den Engeln gleich im Lichtschein lebt.[70]

Als Quintessenz der byzantinischen Sicht auf die Engel kann die einflussreiche Darstellung des Johannes von Damaskus angesehen werden, der im dritten Teil seines Werkes »Quelle der Erkenntnis« (pēgē gnōseōs) eine Darstellung des Glauben vorlegt. Insbesondere das 3. Kapitel des 2. Buches bietet eine Beschreibung der Engellehre, welche die vielfältigen patristischen Überlegungen zusammenfasst. Dass die Engel geschaffene, vernünftige, denkende und freie Geistwesen sind, die im Himmel Gott preisen und ihm dienen. Dabei sind sie in drei dreifache Ordnungen gegliedert. Sie sind immateriell, gleichwohl verfügen sie verglichen mit Gott über eine gewisse, allerdings keine dreidimensionale Körperlichkeit. Die Engel sind sekundäre geistige Lichter, die ihre Erleuchtung vom ersten anfanglosen Licht Gottes erhalten haben. Sie haben die Gnade vom Heiligen Geist empfangen, welche sie auch unsterblich macht.

Engel in der westlichen Theologie bis zur Scholastik

Die Theologie des Westens entfaltet sich auch in der Frage nach den Engeln weniger spekulativ als im theologisch stark entwickelten Osten. Vielmehr verbleibt der westliche Horizont zunächst in einem konventionellen Rahmen eng angelehnt an die Texte der Schrift sowie an die Tradition der Väter. Im Interesse stehen eher die Dienste der Engel als ihr Wesen, wie auch die Bezeichnung »Engel« auf den Dienst abzielt und die Bedeutung der Namen Michael, Gabriel oder Raphael die Sendung des jeweiligen Engels umschreiben.

Derart klassische Kernaussagen über die Engel finden sich etwa in Predigten Gregors des Großen versammelt und werden in dieser Form weiter tradiert. Auf der anderen Seite ist es die praktische Volksreligiosität, die sich mit ihren Anliegen wie an die Heiligen so auch an die Engel insbesondere an den eigenen Schutzengel wendet und diesen um Hilfe anruft. Eine alltagsbezogene konkrete Sicht auf die Engel findet sich in der Vorstellung von einer lebendigen Gemeinschaft mit den Engeln. Wie die Heiligen, so werden auch die Engel um Hilfe angerufen. Die lebendige Gemeinschaft zwischen Menschen und Engeln kommt darin schon auf Erden zum Ausdruck, ebenso wie auch in der Vorstellung, dass die Engel an der kirchlichen Liturgie teilnehmen oder dass Mönche wie Antonius oder Paphnutios in der Einsamkeit der Wüste von Engeln besucht werden.

Erzählungen über weitere Besuche in Form von Erscheinungen von Engeln auf Erden erfreuen sich im Volk großer Beliebtheit. Diese stehen im Kontext der aufkommenden Heiligenlegenden. Aufgrund von insgesamt vier Erscheinungen des Erzengels Michael Ende des 5. Jhd. wird am Monte Gargano ein Heiligtum errichtet, das eine rege Wallfahrtstätigkeit mit sich bringt. Papst Gregor d. Gr. berichtet ebenfalls von einer Erscheinung des Erzengels Michael im Jahr 590, der ein Ende der akuten Pestepidemie in Rom ankündigt. Als diese tatsächlich endet, erhält die Verehrung des Erzengels Michael einen weiteren Anstoß. Ebenso berichtet Bischof Autbert von Avranches von Erscheinungen des Erzengels Michael aus dem Jahr 708 in der Normandie und errichtet ein Heiligtum auf dem Mont Tombe, der fortan Mont Saint-Michel genannt wird.

Heiligtümer wie diese werden begleitet von einem lebendigen Engelskult in der Volksreligiosität. Bereits Ambrosius hatte das Gebet zu den Engeln empfohlen, Hieronymus warnte jedoch vor Übertreibungen. Der populäre Gebrauch von Engelsnamen wie Uriel, die zum Teil aus apokryphen oder sogar aus gnostischen Traditionen stammen, wird durch Synoden etwa in Rom 745 oder in Aachen 789 eingeschränkt. Erlaubt bleiben im Karolingerreich allein die Anrufungen der drei biblisch bezeugten Engelnamen Michael, Gabriel und Raphael.

Die klassischen Lehren über die Engel in Form von Predigten wie jene Gregor des Großen werden insbesondere durch Predigtsammlungen weiter tradiert. Paulus Diaconus erstellt zwischen 787 und 797 eine einflussreiche Sammlung von 244 handverlesenen Predigten seit patristischer Zeit. Nachdem Paulus Diaconus zuvor bereits ab 783 am Hof Karls des Großen gelehrt hat, erklärt Karl diese Homiliensammlung zur Pflichtlektüre für den gesamten Klerus im Reich.

Zunehmend prägen auch Übersetzungen aus der östlichen Tradition die Auffassungen über die Engel mit. Johannes Scotus Eriugena hat um das Jahr 825 die Schriften des Ps-Dionysius Areopagita ins Lateinische übersetzt, so dass deren Einfluss auf die Engellehre auch im Westen stark zunimmt. Auch die im Osten überaus einflussreiche Darstellung des Glaubens (Ekdosis – Expositio fidei) des Johannes von Damaskus wird ins Lateinische übertragen, allerdings erst Mitte des 12. Jhd. durch Cerbanus 1138-45 und durch Burgundino 1153/54. Diese Expositio fidei wird von Petrus Lombardus bei der Abfassung der Sentenzen d.h. einer Sammlung von Zitaten und Lehrsätzen mit berücksichtigt, die im Studium der Theologie seit dem 13. Jhd. eine zentrale Rolle spielen. Petrus Lombardus behandelt die Engel in 11 Distinktionen (II d.1-11). Im mittelalterlichen Schulbetrieb wird die Expositio fidei des Johannes von Damaskus ebenfalls wie eine Sentenzensammlung rezipiert.

Auf der Basis der Rezeption der vorhandenen klassischen Engellehren erfolgt zunehmend auch eine theologische Reflexion. Johannes Scotus Eriugena, als einer der wenigen Gelehrten seiner Zeit des Griechischen mächtig und mit der neuplatonischen philosophischen Tradition vertraut, hat die »Himmlische Hierarchie« des Ps.-Dionysius um das Jahr 825 nicht nur ins Lateinische übertragen, sondern um 863-870 auch einen Kommentar dazu verfasst. Weitere Übersetzungen und zahlreiche Kommentare zu Ps.-Dionysius schließen sich während der folgenden Jahrhunderte an. Joh. Sc. Eriugena hat als einer der ersten seit Augustinus überhaupt neuplatonisches Denken in die Theologie des Westens eingebracht, und trotz einzelner Verurteilungen seiner Thesen haben seine Schriften und Übersetzungen aus der östlichen Patristik einen starken Einfluss entfaltet.

In seinem Nachdenken über die Engel greift Joh. Sc. Eriugena von Ps.-Dionysius her den Gedanken des Lichtes auf, dass nämlich die Engel vom göttlichen Licht erleuchtet werden und dieses Licht durch die Engelhierarchien weitervermittelt wird. Die Engel schauen in diesem Licht, von dem sie erfüllt werden, hin auf Gott, der alle Erkennbarkeit übersteigt. Die Engel sind insofern selbst Licht, als sie durch das göttliche Licht erleuchtet werden. Dieser Gedanke findet sich schon bei Augustinus. Auch der Gedanke, dass die Engel in diesem Licht auf Gott schauen, entspricht der Illuminations-Erkenntnistheorie des Augustinus, dass nämlich letztlich jegliche Erkenntnis durch ein Licht »von drüben her« erleuchtet und so Erkenntnis überhaupt erst möglich wird.

Den Blick auf die Engel im Modus einer Theologie des Lichtes nehmen Rupert von Deutz (um 1070-1129) und Hugo von St. Viktor (um 1097-1141) auf und denken diesen lichttheologischen Ansatz fort, der sich seit Abt Suger von Saint-Denis (1081-1151) auch in der lichtdurchfluteten neuen Bauweise der Gotik mit den Glasfenstern niederschlägt. Rupert sieht die Erleuchtung der Engel durch das göttliche Licht im Wort gründen, so dass die Engel durch das Licht des Wortes d.h. durch Christus erleuchtet sind (De victoria Dei verbi I,27-30). Rupert und Hugo interpretieren das göttliche Licht christologisch und ordnen die Angelologie in die Christologie ein und unter. Auch der im Westen verbreitete Fokus auf böse Engel (Dämonen) wird bei Rupert christologisch bedacht (ebd. I,12 f.). Einzig das ungeschaffene, eingeborene Wort Gottes kann die erlogene Selbstüberhöhung des erstgeschaffenen Engels Luzifer, ungeschaffen zu sein, durch sein Zeugnis entkräften, weil dieses Wort bei der Erschaffung der Engel zugegen war und deren Erleuchtung durch das göttliche Licht durch das Licht des Wortes erfolgte.

Beim Blick auf die Engel im Modus einer Theologie des Lichtes gilt es zu unterscheiden, dass die Engel Geschöpfe sind, dass also die Erleuchtung durch das göttliche Licht des Wortes kein Identitätsmoment zwischen dem Wort Gottes und den Geschöpfen darstellt. Hugo von St. Viktor hebt diese Unterscheidung zwischen dem ungeschaffenen Urgrund und den Engeln, die zwar unsichtbar, aber kreatürlich sind, ausdrücklich hervor.[71] Die Engel als Geistwesen sind keine ewigen Ideen im Sinne des Universalienstreits.

Dass die Engel nicht aus der Substanz Gottes bestehen und nicht aus einer Emanation hervorgegangen sind, ist wiederholt durch Konzilien und Synoden unterstrichen worden, so etwa durch die Synode von Braga 561 (canon 5) gegen die Prizilianisten bis hin zum IV. Laterankonzil 1215 gegen die Albigenser als Untergruppierung der Katharer, welche Jesus für einen Engel hielten, der lediglich sichtbare Gestalt angenommen habe, aber weder Gott noch Mensch sei. Die Katharer halten die materielle Welt dualistisch für in einem bösen Prinzip begründet. Ihr Ziel ist es daher, die in der Materie gebundenen Seelen durch eine Geisttaufe (Consolamentum) zu befreien, zu vervollkommnen und in den Himmel zu führen, der einschließlich der darin lebenden Engel von Gott geschaffen ist, so dass im ewigen Leben die heimgekehrten menschlichen Seelen den himmlischen Engeln beigesellt werden.

Thomas von Aquin

Thomas von Aquin entwirft insbesondere im Rahmen seiner Summa theologiae eine Lehre über die Engel nach Art scholastischer Methodik d.h. aufgegliedert in mannigfaltige Teilaspekte (Quaestiones) unter Berücksichtigung von zahlreichen Einwänden oder Gegenargumenten in jedem Artikel einer Quaestio. Im ersten Teil der Summa sind insbesondere die Quaestiones 50 bis 62 sowie 106 bis 113 der Frage nach den Engeln gewidmet. Hinzu kommen weitere Quaestiones über das Böse sowie böse Engel. Auch Abschnitte aus anderen Schriften sind ebenfalls der Engellehre gewidmet.[72]

Die Engel sind von Gott geschaffen (S.th. I q61 a1) und zwar in Gnade geschaffen (q62 a3). Die Erschaffung der unsichtbaren und der sichtbaren Welt ist simultan erfolgt (q61 a3), so dass die Engel zugleich mit der Zeit d.h. in der Zeit geschaffen sind (q61 a2). Darüber hinaus bedürfen die Engel der Gnade (q62 a2), sie sind also wie alle Kreatur bleibend auf Gott bezogen. Wie in allem Geschaffenen, so unterscheidet Thomas auch bei den Engeln Sein und Wesen (q61 a1), da diese beiden allein in Gott derart übereinkommen, dass sie in ihm identisch sind.

Das Wesen der Engel ist unkörperlich; zum Ziel ihrer im Vergleich zur sichtbaren Kreatur größeren Ähnlichkeit mit Gott sind sie als unsichtbare Lebewesen geschaffen (q50 a1). Daher werden sie auch als gewissermaßen »himmlische Körper« bezeichnet, die im Unterschied zu irdischen Körpern aufgrund ihrer Natur ihren vollendeten Zustand bereits unmittelbar (statim) nach der Erschaffung erreicht haben, während irdische Körper durch zeitliche Veränderung und Bewegung zu ihrer Vollendung unterwegs sind (q58 a3).

Als unkörperliche Geschöpfe sind die Engel im Unterschied zu den körperlichen Kreaturen nicht aus Materie und Form zusammengesetzt (q50 a2), so dass die Engel von der Materie getrennte d.h. einfache Substanzen darstellen. Weil aber gemäß aristotelischer Auffassung die Materie das Individuationsprinzip darstellt, weshalb die körperlichen Lebewesen einer bestimmten Art durch ihre Materie als

Individuen hervortreten, sind die Engel keine »Individuen« nach Art körperlicher Lebewesen. Vielmehr stellt jeder Engel in der ontologischen Sicht des Thomas eine eigene Species dar (q50 a4). Personal sind die Engel gleichwohl: Sie lassen sich im aristotelischen Sinn als einfache, von der Materie getrennte Substanzen (substantiae separatae)[73] voneinander unterscheiden (q54 a5), jede von ihnen als begrenztes Wesen mit einem eigenen Intellekt und Willen (q52 a2).

Während der menschliche Intellekt diskursiv von einer Erkenntnis zur nächsten voranschreitet, erkennen die Engel alles, was sie überhaupt erkennen können, in einem Moment (q58 a3), d.h. sie erkennen alles im Akt (in actu), nichts lediglich in Potenz, so dass bei ihnen keine Erkenntnis unvollzogen oder für später aufgespart bleibt (q58 a1). Weil sie in actu erkennen, bedürfen sie keines vollzugshaften intellectus agens (q54 a4); auch ist ihre Erkenntnis nicht fehlerbehaftet (q58 a5). Während die Menschen aufgrund ihrer diskursiven Erkenntnis als rationale Lebewesen bezeichnet werden, sind die Engel »Intellektuale«, die alles zugleich von den Prinzipien her erkennen aufgrund einer Fülle des geistig-intellektualen Lichtes (plenitudinem itellectualis luminis), das ihnen zukommt (q58 a3).

Als höchste intellektuale Kreaturen sind die Engel gänzlich (totaliter) intellektiv, nicht nur partiell wie der menschliche Geist (q54 a5). Intellektiv zu erkennen ist ein immaterieller Akt, kein Akt eines Körpers (q50 a1; q51 a1). Ihr intellektives Vermögen (potentia intellectiva) zeichnet die Engel aus und macht ihr Wesen (essentia) aus (q54 a3) im Unterschied zu ihrer Substanz (q54 a1). Alles, was ist, steht den Engeln zur Erkenntnis offen: Sie erkennen die Dinge (q57 a2), auch die materiellen Dinge (q57 a1); sie erkennen sich selbst (q56 a1) sowie andere Engel (q56 a2). Die Engel erkennen auch Gott d.h. sie erkennen oder schauen ihn in einer gewissen Weise; sie erkennen aber nicht gänzlich das

Wesen Gottes, sondern sie erkennen Gott, insofern sie ihm gemäß der Schöpfung in einer gewissen Weise ähnlich sind (similitudo Dei) (q56 a3). Eine gewisse Ähnlichkeit mit Gott weisen zwar alle Kreaturen auf, von aller Kreatur aber trifft es auf die Engel wegen ihrer unkörperlichen Geistigkeit in höchster Weise zu, dass sie ihm ähnlich sind (q50 a1).

Die Engel wissen um die Zukunft, soweit diese aus bestimmten Ursachen und Gründen resultiert, welche die Engel in einer Zusammenschau in einem einzigen Moment erkennen. Die Zukunft an sich hingegen kennt nur Gott allein (q57 a3), wie auch die Gedanken Gottes den Engeln verborgen sind (q54 a4). Was die Mysterien der Gnade betrifft, so können die Engel diese nicht von sich aus erkennen, da die Gnade eine eigene Zuwendung Gottes darstellt, die aus seinem freien Willen hervorgeht. Die Engel können hinsichtlich der Gnade daher nur das erkennen, was Gott ihnen in seiner Freiheit offenbaren will (q54 a5).

Analog zum Willen Gottes kommt auch den von Gott erschaffenen Engeln ein freier Wille zu, der sich auf ihre Gottebenbildlichkeit (imago Dei) erstreckt. Der Wille ist vom Intellekt zu unterscheiden (q59 a2). Aufgrund des Willens haben die Engel ein liberum arbitrium d.h. sie können sich zum Guten hin oder vom Guten weg orientieren und für oder gegen etwas entscheiden. Von seiner Natur her hat der Wille der Engel aber eine klare Ausrichtung auf das Gute hin, dem er zugeneigt ist (inclinatio ad bonum) (q59 a1). Die Engel lieben sich selbst (q60 a3) sowie die anderen (q60 a4). Gott aber lieben sie sogar mehr als sich selbst und als die anderen (q60 a5), weil Gott das höchste Gute schlechthin ist, dem der Wille und somit die Liebe in höchster Weise zugeneigt sind.

Für den menschlichen Intellekt sind die Engel von Natur aus nicht erkennbar (q50 a2). Diese können ihm aber erscheinen, indem die Engel in der imaginatio d.h. in einem bestimmten geistigen Bereich des konkreten Empfängers

Gestalt annehmen und somit nur für diesen einen Empfänger im Geiste sichtbar sind (q51 a2), sei es im Wachzustand, sei es im Traum.

Die Engel bilden entsprechend ihrem Wesen Hierarchien (q108 a1), so dass einige Engel von ihrem Wesen her d.h. von der Idee her, welche der Schöpfer von ihnen hat, das Sein in vollerer oder anderer Form verwirklichen als andere. Von oben nach unten (q106 a3) kann ein Engel den anderen erleuchten (q106 a1) d.h. ihm jenes göttliche Licht kommunizieren oder offenbaren, welches Gott ihm mitgeteilt hat. In diesem Sinn der Offenbarung von oben nach unten können die Engel auch Menschen erleuchten (q111 a1).

Einige Engel, keineswegs alle (q112 a2), werden zum Dienst gesandt (q112 a1). Daher kümmern sich diese Engel auch um die körperlichen Geschöpfe (q110 a1) und sind diesen hilfreich zugetan. Die Engel können jedoch keine Wunder wirken, weil ein Wunder außerhalb der Ordnung liegt, die von Natur aus besteht (q110 a4).

Ein jeder Mensch wird durch einen Engel beschützt (q113 a1.a3) und zwar von Geburt an (q113 a4) so dass diese als Schutzengel wirken. Den einzelnen Menschen sind somit einzelne Engel beigestellt, welche die göttliche Vorsehung (divina providentia) gewissermaßen ausüben (q113 a2).

Bonaventura und Johannes Duns Scotus

Einen deutlich anderen Akzent als Thomas setzt die Theologie der Franziskaner, indem sie dem Glauben einen Vorrang einräumt vor der natürlichen Erkenntnis und dem Wissen, dem Willen und der Liebe einen Vorrang vor der Vernunft. Bonaventura (1221-1274) unterstreicht die Grenzen, welche der natürlichen Erkenntnis des Verstandes (Philosophie) gesetzt sind, Grenzen, die bereits von der Schöpfung her gegeben sind, die aber unter den Bedingungen der Erbsünde als erheblich eingestuft werden. Dem natürlichen Licht der Verstandeserkenntnis sieht Bonaventura das Licht der Offenbarung übergeordnet (Theologie des Lichts nachfolgend zu Augustinus, Ps-Dionysius und Eriugena). Entgegen der Weisheit dieser Welt begründet das Licht der Offenbarung eine heilsbedeutsame Weisheit aus Gott (Theologie). Das göttliche Licht der Offenbarung wird im Glauben angenommen, es reinigt das Herz des Gläubigen und führt so zu einer gläubigen Gotteserkenntnis, die zum Heil führt und der somit eine lebenspraktische Konsequenz und Relevanz zukommt. Auch die Engel sind von diesem göttlichen Licht erleuchtet, sogar davon erfüllt. Ihre Herrlichkeit verdankt sich der Gnade, die nach der Erschaffung ihr Ausharren im Guten durch alle Prüfungen hindurch als Erfüllung ihres Strebens fruchtbar werden lässt.

Bonaventura betrachtet die Engel nicht als reine Formen,[74] sondern aus Form und aus einer quasi spirituellen Form von Materie zusammengesetzt. In ihrer Einfachheit sind die Engel ebenso Abbild der Einheit Gottes, wie sie Abbild der Dreifaltigkeit in der Dreiheit ihrer geistigen Vermögen Gedächtnis, Verstand und Wille (memoria, intellectus, voluntas) sind.

In ihrer Vollendung erreichen die Engel die hierarchische Ordnung der neun Chöre, deren drei mal dreigliedrige Ordnung sich aus Akten wie Reinigung, Erleuchtung und Vervollkommnung ergibt und auf diese Weise eine trinitarische Gottebenbildlichkeit zum Ausdruck bringt. Solche triadische Strukturen finden sich für Bonaventura auch in der menschlichen Seele abgebildet, die wie ein Spiegel der Engel und des göttlichen Lebens gestaltet ist. Indem die Seele ihrer selbst gewahr wird, erkennt sie die Ordnungen der Engel und erkennt Gott. So steigt die menschliche Seele gewissermaßen gemeinsam mit den Engeln auf der Jakobsleiter auf und nieder.

Das Wirken der Engel in Bezug auf die Menschen ist darauf hin ausgerichtet, den menschlichen Geist durch das göttliche Licht zu erleuchten und die Liebe anzufachen. Dem absteigenden Licht der Erleuchtung entspricht der Aufstieg der Seele durch Läuterung und Erleuchtung bis hin zur mystischen Vereinigung mit Gott und den Seinen, so dass die erlösten menschlichen Seelen in der Vollendung gewissermaßen engelhaft den neun Engelschören an der Seite stehen werden. Jene, die nicht die Höhe der Engel erreichen, werden einen zehnten Chor bilden, der die neun Engelschöre nach unten hin ergänzt.

Johannes Duns Scotus (um1266-1308) setzt den Weg einer franziskanischen Theologie fort und zeichnet eine Vorstellung von den Engeln, die nach Art konkreter Lebensvollzüge mit einer fortschreitenden Erkenntnis und Liebe geprägt ist. Scotus bestreitet, dass alles Geschaffene nach Vorstellung des Hylemorphismus aus Form und Materie zusammengesetzt sein müsse und interpretiert Beschaffenheit und Rolle der Materie neu. Er deutet die Engel als reine Geistwesen, die ohne eine geistige Materie bestehen können. Ihre konkrete Existenz als Individuen kommt den Engeln nicht aufgrund einer Materie zu, sondern alles, was ist, stellt nach scotistischer Meinung ein konkretes Dieses-da (haecceitas) dar. Daraus resultiert zugleich eine individuelle Einzigkeit und Einzigartigkeit eines jeden Engels.

Da auch die Erkenntnis vom einzelnen Dieses-da ausgeht, nimmt Scotus auch bei den Engeln eine fortschreitende Erkenntnis an, die vom Willen ihre Ausrichtung erhält. Somit ergibt sich bei Scotus eine voluntativ geprägte Auffassung von den Engeln. Das fortschreitende Moment in der Erkenntnis und auch im Vollzug der Willensfreiheit und der Liebe geht einher mit einer Erstreckung und impliziert eine gewisse Zeitlichkeit. Die Engel unterliegen nach ihrer Erschaffung daher einer gewissen Zeit der Prüfung, an deren

Ende ihre eigene Entscheidung für das Gute oder gegen das Gute und für das Böse endgültig wird.

Die von konkreten fortschreitenden Willensentscheidungen geprägte Engelauffassung analog zur fortschreitenden Erkenntnis assoziiert eine gewisse Ähnlichkeit zwischen der Vorstellung von den Engeln und dem Verständnis vom Menschen. Der Geist des Engels mit seinen Vollzügen erscheint dem Geist des Menschen ähnlich. Die Vollkommenheit des Engels aber gipfelt in der Liebe. Der Gipfel eines tugendhaften Lebens besteht darin, Gott zu lieben, da dieser das höchste Gute ist. Dies trifft auf Engel und Menschen gleichermaßen zu. Die Gnade bedeutet dementsprechend insbesondere die Befähigung dazu, Gott zu lieben.

Zwischen den beiden großen Entwürfen zur Engellehre aus der Hochscholastik bestehen merkliche Differenzen. Thomas sieht die Engel als intellektuale geistige Lebewesen an im Unterschied zu den Menschen, die aufgrund ihrer diskursiven Erkenntnis als rationale Lebewesen bezeichnet werden. Das intellektive Vermögen (potentia intellectiva) macht das Wesen (essentia) der Engel aus. Die Engel sind gänzlich intellektiv, nicht nur partiell wie der menschliche Geist. Die Engel werden bei Thomas über ihr intellektives Wesen definiert. Die franziskanische Theologie hingegen sieht die Erkenntnis der Engel ihrem Willen nachgeordnet. Ihre Erkenntnis- und Willensvollzüge werden als fortschreitende, gewissermaßen zeitliche Prozesse angesehen, die zur Vervollkommnung und schließlich zu einer finalen endgültigen Entscheidung führen. Thomas hingegen sieht alle Erkenntnis eines Engels in einem einzigen, umfassenden Akt ohne zeitliche Erstreckung in einem einzigen Moment vollzogen. Die Engel sind bei Thomas von den Menschen deutlich zu unterscheiden; als »superiores creaturae«[75] übersteigen sie die Menschen, während die franziskanische Vorstellung von den Engeln analog zum menschlichen Geist nach Art konkreter Lebensvollzüge mit einer fortschreitenden Erkenntnis und Liebe geprägt ist. Während in der franziskanischen Sichtweise die Engel den Menschen ähnlich sind, werden diese bei Thomas im Rahmen der aristotelisch-hylemorphistischen Metaphysik nicht einmal als Individuen definiert, weil ihnen die materia als Individuationsprinzip nicht zukommt, so dass jeder Engel gewissermaßen eine eigene species darstellt.

Beide große Entwürfe haben eine beträchtliche Wirkung entfaltet und die nachfolgende universitäre Lehre geprägt; dabei kommen der thomistischen Sicht eine größere Verbreitung und ein stärkerer Einfluss zu. Nach der Hochscholastik mit der summarischen Betrachtung ganzer Themenfelder und der entsprechenden literarischen Gattung der Summa endet eine Phase eines derart grundlegenden und konzeptionellen, philosophisch gestützten, spekulativen Nachdenkens über die Engel. Fortan tritt die Bedeutung der Engel innerhalb der Theologie zurück. Die klassischen Topoi werden insbesondere in Lehrbüchern und Vorlesungen sowie in Katechismen weitertradiert.

Kapitel 11

Engelauffassungen im Kontext von Reformation und Aufklärung bis heute

Engel in der Sicht der Reformatoren

Bei den Reformatoren werden die Engel bejaht, sind sie doch durch die Schrift bezeugt (sola scriptura). Sie werden jedoch in einer eher flankierenden Nebenrolle gesehen: Die Engel gehören zum Bereich Gottes und treten begleitend zu Gottes Wirken in Erscheinung, ihnen kommt aber keine konstitutive Funktion für Gottes Heilswerk zu, das durch die Rechtfertigung in Christus Jesus vollbracht ist (solus Christus) und allein im Glauben angenommen werden kann (sola fide). Allein die Gnade (sola gratia) durch Gottes Wort ist relevant und konstitutiv für den Glauben, niemand sonst: kein Engel, kein Heiliger und keine Kirche. Die Engel geben oder vermitteln nicht den Glauben, können als Helfer aber dazu beitragen, diesen zu wahren (Luther WA 47, 857).

Luther zeigt sich darüber hinaus auf der Ebene der persönlichen Erfahrung durch häufige Belästigungen durch Dämonen und Teufel gezeichnet. Aus seinen zahlreichen Berichten über lebenslange Nachstellungen, insbesondere aus seiner Zeit auf der Wartburg inkognito als Junker Jörg, hat sein Wurf mit dem Tintenfass auf den Teufel aus dem Winter 1521/22 Berühmtheit erlangt. Der in der Überlieferung belegte (heute nicht mehr vorhandene) Fleck an der Wand wurde von (protestantischen!) Besuchern reliquienähnlich behandelt und mit dem Putz abgetragen. Luther sieht im Teufel einen wenn auch unterlegenen Widerpart zu Gott. Zu den guten Engeln hingegen fehlt ihm ein vergleichbarer Erfahrungsbezug. Gleichwohl werden die Engel von ihm persönlich als

Gegenspieler zu Teufel und Dämonen betrachtet. In seinen Engelspredigten 1531/33 stellt sich Luther gegen eine zu starke Verehrung der Engel, insbesondere des Erzengels Michael, und warnt vor Abgötterei. In der Lehre spielen die Engel im Luthertum nur in den Grenzen der Maßgabe sola scriptura eine Rolle.

Auch Calvin bejaht die Engel, soweit eine Übereinstimmung mit dem Wort Gottes besteht. Alle übrigen Meinungen über die Engel, insbesondere philosophische, scholastische Spekulationen sieht er äußerst kritisch und hält dies für Geschwätz, welches die Gefahr mit sich bringt, von dem einfachen, klaren Kern des Glaubens abzulenken.

Die Engel werden in reformatorischen Kreisen als Helfer angesehen: Als Helfer Gottes im Hinblick auf die Erhaltung der Schöpfung und flankierend bei der Offenbarung in Christus, als Helfer aber auch für die Menschen in ihrem geistigen Ringen, bei Anfechtungen und Versuchungen sowie beim Bestehen von mannigfaltigen Nöten in dieser Welt bis hin zum Sterben. Die Engel bieten Hilfe gegen Anfechtungen und Versuchungen durch böse Engel. Die Engel d.h. alle Engel, nicht nur persönliche Schutzengel, stehen somit dem Einfluss böser Engel, der Mächte der Finsternis oder des Teufels auf die Menschen entgegen.

Die Reformatoren sehen die Engel bei Gott im Himmel wohnen, wie sie sein Wirken zur Welt hin flankieren. Die Sicht auf die Engel erfolgt allein aufgrund der Schriftzeugnisse ohne jede philosophische oder metaphysische Spekulation. Die Engel werden von der Schrift her als gegeben angesehen; darüber hinaus insbesondere in der Volksfrömmigkeit steht ein funktionales Verständnis von den Engeln im Vordergrund. Die Engel flankieren Gottes Wirken, für die Menschen aber sind die Engel Helfer in aller Not, insbesondere gegen Anfeindungen durch böse Engel d.h.

Dämonen oder den Teufel. Im Zentrum der Betrachtung aber steht Christus und steht Gottes Wort, nicht die Engel.

Abschied von den Engeln in Neuzeit und Aufklärung

Das neuzeitliche Denken der Moderne verlagert den Fokus weg von Himmel und Engeln hin auf den Menschen und die wissenschaftliche Ergründung natürlicher Zusammenhänge. An die Stelle metaphysischer Erwägungen treten experimentelle Physik und Technik nach dem Vorbild Galilei's. Nicht mehr Offenbarung und Tradition gelten als Quelle für Erkenntnis, sondern einerseits die empirische Erfahrung aus Beobachtung und andererseits rationale Einsicht. Empiristen wie Bacon oder Hume bestreiten, dass außerhalb sinnlich vermittelter Erfahrung überhaupt gültiges Wissen zu gewinnen sei. Demgegenüber setzen Denker wie René Descartes auf den rationalen Zugang zur Wirklichkeit durch apriorische Erkenntnis, wie dies etwa in Mathematik und Logik der Fall ist. Descartes‘ Unterscheidung zwischen der äußeren Wirklichkeit der Dinge (res extensa) und der geistigen Wirklichkeit, die durch Denken erschlossen wird (res cogitans) führt zu einer Separierung zweier Bereiche, die nun unvermittelt nebeneinander zu stehen scheinen und nicht mehr zueinander vermittelt werden können.

Immanuel Kant und mit ihm die Aufklärung sieht die menschliche Erkenntnis durch die »formalen Bedingungen einer Erfahrung überhaupt« (KrV A 220) bestimmt. Jeder Themenbereich, der über die sinnlich vermittelte Erkenntnis erfahrbarer Gegenstände hinausgeht, kann daher nicht anders als analog zu dieser und daher stets nur anthropomorph bedacht werden. Erkenntnis aber ist im letzten stets sinnlich vermittelt, rational begründet. Der Bereich der Religion fällt nicht darunter.

An Engel ist in einem solchen geistesgeschichtlichen Kontext nicht zu denken. Analog zur Metaphysikkritik, welche alle Erkenntnis auf einen sinnlich erfahrbaren, rational begründbaren Bereich begrenzt ansieht, kann über so etwas wie Engel, die über alle Welterfahrung hinausgehen, keinerlei Erkenntnis gewonnen, keine rational sinnvolle Aussage formuliert werden.

Wissen im Sinne eines naturwissenschaftlichen Ideals wird gegen den Glauben abgegrenzt. Die Engel werden wie der Glaube insgesamt der religiösen Gefühlswelt zugeordnet. Soweit aber Engel im Bereich des Glaubens noch vorkommen, werden diese dem transzendentalphilosophischen Verständnis vom menschlichen Ich nachempfunden. Im Anschluss an den Voluntarismus Ockham's wird der Wille als das maßgebliche Moment, die Welt als in erster Linie willensbestimmt statt geistbestimmt angesehen. Dementsprechend richtet sich die Aufmerksamkeit auf die Freiheit des Menschen, auf tätiges Tun statt kontemplatives Dasein. An den Engeln, wenn es sie überhaupt gibt oder wenn sie im Glauben eine Rolle spielen, erscheint das Entscheidende nun ihre Sittlichkeit. Statt um Lobpreis Gottes oder Offenbarung Gottes richtet sich der Fokus auf Gut und Böse.

Engel in Volksfrömmigkeit und Schrifttum

Auf der Ebene des persönlichen Glaubens und in der Volksreligiosität kommt den Engeln jedoch weiterhin Bedeutung zu. Dies gilt für die Bewegung des Pietismus im 17./18. Jhd. ebenso wie für den Puritanismus im englischsprachigen Raum (u.a. Heinrich Lawrence, Richard Baxter). In der englischen Literatur geht u.a. Heinrich More auf die Engel ein, ohne sich auf klassisch christliche Engellehren zu beschränken. Episch werden in »Paradise lost« (1658-65) von John Milton Engelfall und Versuchungsgeschichte ausgemalt, das in »Paradise Regained« (1671) seine Fortsetzung findet. Die Engel werden von More überaus leiblich gezeichnet.

Auch in der Theologie gewinnt das spekulative Nachdenken über die Engel wieder einen gewissen Raum: So etwa in der Schrift über das Sechstagewerk (1591) von Girolamo Zanchi oder in der Epitome metaphysica von Christoph Schreiber (1618). In der anglikanischen Kirche eröffnet Bischof Joseph Hall dem Nachdenken über die Engel, welches an vorreformatorische Engellehren anschließt, sowie der volksreligiösen Praxis bis hin zum Umgang mit Engelerscheinungen einen breiteren Raum. Auch dürfen die Engel wieder verehrt werden.

Auf der anderen Seite werden auch die Positionen der Aufklärung weiterhin vertreten und auf den Umgang mit Engelsfrömmigkeit und Engellehren übertragen. Vor dem Hintergrund sowohl der Volksreligiosität als auch der Aufklärung sieht Friedrich Schleiermacher den Raum für eine Würdigung der Engel auf die betreffenden Bereiche der Schrift begrenzt. Insofern gehören die Engel tatsächlich zur christlichen Kultur. Für die Erlösung sind die Engel jedoch irrelevant. Daher gehören die Engel nicht zum Grundbestand des Glaubens und ihrer religiösen Beachtung kommt nur symbolische Bedeutung zu (Glaube §42). Dies gilt insbesondere für die Vorstellung vom Teufel, die so haltlos ist, dass man sie niemandem zumuten kann (§44). Schleiermacher hält die Engelvorstellungen insgesamt für veraltet. Diese bedienen eine urzeitliche, primitive Stufe des menschlichen Gemüts. Insofern gehören die Engel zu einem Kinderglauben, von dem die Erwachsenen sich emanzipieren sollten. Schleiermachers Kritik am Engelglauben hat allerdings nur begrenzt Resonanz erfahren.

evangelische Ansätze im 20. Jhd.

Im 20. Jhd. bringt Rudolf Bultmann zum Ausdruck, dass in einer naturwissenschaftlich erklärten, mit technischen Errungenschaften ausgestatteten Welt die Vorstellung von Engeln unpassend und obsolet geworden ist.

Der Engelglaube wird auf der einen Seite in der persönlichen, privaten Frömmigkeit verortet, auf der anderen Seite dem Bereich der Sage oder kindlicher Vorstellungen zugeordnet. Bei Rilke wird der Engel in den Elegien literarisch auf das Symbol reduziert.

Ein gewisser Reduktionismus der Engel begegnet auch bei C.G. Jung, der einer reformierten Schweizer Familie entstammt: In Jungs Psychologie erscheinen die Engel als psychisches Moment. Inhalte aus dem Unbewussten kommen in den Engelsgestalten in personifizierter Form zum Ausdruck und werden gegenüber dem subjektiven Ich distanziert. Hierdurch können Ängste beruhigt und ein Gefühl von Schutz ausgelöst werden. Jung berichtet von der eigenen Erfahrung eines Engels namens »Philemon«.

Als Resümee einer konventionellen protestantischen Sicht auf die Engel kann die Theologie von Karl Barth (1886-1968) angesehen werden. In seiner »Dialektischen Theologie«, von außen auch als protestantische Neoorthodoxie bezeichnet, geht Barth davon aus, dass alle Theologie nur auf Basis erfolgter Offenbarung durch Gott von oben her erfolgen kann, auf dieser Grundlage aber auch tatsächlich möglich ist. Die menschliche Erkenntnis reicht aus sich an Gott nicht hin, so dass Barth von der Unmöglichkeit der Gotteserkenntnis spricht. Da die Engel dem Bereich Gottes zugehören, ist auch über diese keine menschliche Erkenntnis möglich, sondern eine Lehre über die Engel bleibt auf die Offenbarung durch das Wort Gottes beschränkt.

Im Rahmen seines Hauptwerkes »Kirchliche Dogmatik« (1932-67; 9.300 Seiten) weist Karl Barth den Ansatz einer natürlichen Theologie zurück, ausdrücklich auch im Rahmen der Lehre von der Schöpfung (KD III), und sieht den Zugang für die Theologie allein von der Offenbarung her eröffnet, während die Kausalitätsfrage durch die Naturwissenschaften beleuchtet wird. Somit kann eine Lehre von den Engeln nicht aufgrund von Erwägungen im Zusammenhang mit der Schöpfung entfaltet werden, sondern nur auf Basis der Offenbarung.

In Rahmen der Offenbarung aber erscheinen die Engel als Zeugen und Boten für Gott selbst und dessen Wirken. Dabei treten die Engel nicht in Konkurrenz zu Gottes eigenem Wirken. Vielmehr zeigt sich Gott in der Offenbarung »umgeben und begleitet« von seinen Geschöpfen. Die Engel gehören gänzlich zu Gott. An jenen Stellen, an denen die Schriftzeugnisse von Engeln reden, handelt es sich somit stets um das Wirken Gottes, das diese lediglich begleiten und mit zum Ausdruck bringen (KD III/3 559-560).

Daher zielt alles, was über die Engel gesagt werden kann, letztlich auf eine Aussage über Gott selbst und seine Offenbarung ab. Erst von hier aus ergibt sich ein theologischer Blick auf die Engel, auch um diese weder zu überschätzen noch zu unterschätzen. Die Aussage über die Engel besteht nach Karl Barth im Kern darin, dass diese zu Gott gehören, diesen umgeben und begleiten und insofern im Rahmen der Offenbarung als Zeugen und Boten für Gott und sein eigenes Wirken in Erscheinung treten.

Auch Wolfhart Pannenberg nimmt die Vorstellung von Engeln auf und ordnet sie dem Wirken Gottes zu. Das Wirken des Heiligen Geistes interpretiert Pannenberg nach dem Paradigma der Feldtheorie d.h. wie ein wirkendes Kraftfeld. Die Engel im Sinne von guten Mächten (vgl. Bonhoeffer) deutet Pannenberg als mögliche Repräsentanten dieses göttlichen Kraftfeldes zum Heil der Menschen.

Kapitel 12

Katholische Sichtweisen auf die Engel von der Neuzeit bis zur Gegenwart

Konzil von Trient und Gegenreformation

Das Konzil von Trient und die Gegenreformation betreffen nur sehr am Rande auch auf die Frage nach den Engeln. Die Engel stellen kein kontroverstheologisches Thema dar, anders als etwa die Frage nach dem Amt in der Kirche, der Buße oder der Eucharistie. Allerdings hat die kontroverse Frage nach der Verehrung der Heiligen und ihrer Bilder eine Implikation für die praktisch-spirituelle Haltung im Umgang mit den Engeln. Das Konzilsdekret über die Anrufung und Verehrung der Heiligen einschließlich des Umgangs mit ihren Bildnissen (1563) empfiehlt die Verehrung und Anrufung der Heiligen als gut und nützlich, um sich an diesen auszurichten und Gott anzubeten; das Dekret grenzt die katholische Sicht gegen die protestantischen Vorbehalte ab. Analog treffen die Aussagen des Dekrets auch auf die Verehrung der Engel zu.

Entgegen der protestantischen Reduktion der Engellehre gemäß dem Prinzip sola scriptura schließen die katholischen Theologen des 16./17. Jhd. an die (spät-) scholastischen Traditionen bruchlos an, die neben der klassischen Engellehre auch philosophische Erwägungen mit einbeziehen. Die konzeptionelle oder spekulative Höhe der Hochscholastik wird in diesen neuzeitlichen Ansätzen jedoch nicht mehr erreicht.

Neuscholastik und neues Engelinteresse um 1600

Hervorzuheben ist insbesondere die umfangreiche Vorlesung »de angelis« des spanischen Jesuiten Francisco Suárez, die er

1580 in Rom gehalten hat und die 1620 posthum als 2. Teil seiner Summa über Gott den Schöpfer in Schriftform erschienen ist. Das Werk umfasst sowohl thomistische als auch scotistische Interpretationen und nimmt eine Mittelstellung zwischen den beiden großen Traditionen ein. Ebenfalls sehr breit angelegt ist der unvollendet gebliebene Engeltraktat des römischen Jesuiten und Kardinals Innocenzo Del Bufalo de' Cancellieri (1565/6-1610). Nicht wenige Theologen zu jener Zeit insbesondere aus der spanischen sog. »Jesuitenscholastik« widmen den Engeln einen Traktat, so etwa Gabriel Vásquez SJ, ein Gegenspieler zu Suárez, der einen achtbändigen Thomas-Kommentar verfasst hat, oder Rodrigo de Arriaga SJ, der verstärkt naturphilosophische Überlegungen einbezogen hat.

In der Zeit zur Jahrhundertwende um 1600 ist ein verstärktes Interesse an den Engeln festzustellen. Kennzeichnend bleibt die neuzeitliche Verschiebung, die den Engel bei aller Unterscheidung als willensbestimmte geistige Person dem menschlichen Ich nachempfindet, welches die Weltsicht der Moderne in das Zentrum gerückt hat. Über die akademische Lehre hinaus überwiegt auf der Ebene der Volksreligiosität eine praktisch-funktionale Sicht auf die Engel in ihrer Hinordnung auf den Menschen als Schutzengel. Weite Verbreitung findet daher eine Schrift über die Schutzengel (1612) von Francesco Albertini. Im 17. Jhd. rückt die Verehrung der Schutzengel in den Vordergrund, über die persönliche Frömmigkeit hinaus u.a. als Patrozinium sowie als Darstellung auf den Altarbildern der Schutzengelkirchen.

Das gesteigerte Interesse an den Engeln spiegelt sich auch in der bildenden Kunst. Grundlage für die neuen bildlichen Darstellungen der Engel ist die Vorstellung, dass Engel menschenartige (Schein-)Leiber annehmen können, um als Unsichtbare vor Menschen sichtbar zu erscheinen. Ihre Gestalt in der menschlichen Vorstellung verschiebt sich von der klassischen unperspektivischen Weise der Ikonendarstellung (vgl. Umschlagbild: Erzengel Michael, 1. Hälfte des 14. Jhd), die an der Ewigkeit Gottes ausgerichtet ist, zu einer realistischen Ausdrucksform nach welthafter Menschengestalt. In ersterem Fall stellt das Bildnis einen Engel oder Heiligen dar, der in der Ewigkeit ganz bei Gott ist und insofern als Fürsprecher und Helfer mit den Menschen auf dem irdischen Pilgerweg verbunden bleibt, in letzterem Fall tut man so, als kämen die Engel zu Besuch auf Erden und würden in menschlicher Gestalt unter den Menschen weilen.

Nach der antikebezogenen Renaissance und den idealisiert anmutigen Darstellungen der nachfolgenden Manieristen bringen die bildlichen Darstellungen um 1600 bei Caravaggio (1571-1610), korrespondierend zu populären Vorstellungen, die »Fiktionen haptischer Körperlichkeit« zum Ausdruck,[76] entgegen der Theologie der Kirchenväter.[77] Vereinzelt begegnet in diesem Zusammenhang die Vorstellung, dass Engel sogar essen (gestützt auf Gen 18,8; analog Lk 24,43), und zwar keineswegs nur das »Brot der Engel«, wie das eucharistische Brot in der sakralen Dichtung zuweilen bezeichnet wird. Auch Engel sind in dieser Perspektive anscheinend nur Menschen. Sie werden in der barocken Folgezeit häufig als kindliche Gestalten oder Putten dargestellt.

Engel in Priesterausbildung und Katechese

Über die noch wenigen Universitäten hinaus begegnet die Lehre von den Engeln insbesondere im Rahmen der theologischen Ausbildung angehender Priester sowie in Katechismen, die für die Unterweisung breiter Bevölkerungsschichten bestimmt sind. Als allererstes Priesterseminar überhaupt ist 1457 das Almo Collegio Capranica gegründet worden, das allerdings lediglich für 30 Seminaristen ausgelegt ist. Das zweitälteste Priesterseminar stellt das Herzogliche Georgianum in Bayern dar, gegründet 1494 in Ingolstadt, später nach Landshut und dann nach München verlegt. Das Konzil von Trient strebt eine geregelte Ausbildung für eine größere Zahl der angehenden Priester an.

Trotz der Vorschriften durch das Konzil von Trient über die Einrichtung von Kollegien bleibt der Weg einer Seminarausbildung de facto bis ins 18. Jhd. nur einer kleinen Minderheit der Priesterkandidaten vorbehalten. In der Regel erwerben die angehenden Priester die erforderlichen Kenntnisse direkt von Pfarrern, bei denen sie vor Ort in die Lehre gehen, so dass sie im diözesan-bischöflichen Examen vor der Ordination bestehen können. Die Inhalte dieser Lehre ergeben sich aus den praktischen Erfordernissen der Seelsorge und sind inhaltlich am Katechismus orientiert.

Die Ausbildung in einigen Orden reicht aufgrund des Noviziats und, wie etwa bei den Jesuiten, im Rahmen eines Scholastikats über die praktisch-seelsorglichen Lehrjahre vieler angehender Weltpriester hinaus. Die Praxis der Vorlesungen an den Ausbildungseinrichtungen der Orden sowie einer zunehmenden Anzahl Priesterseminare schließt mitunter auch die Lehre über die Engel ein, welche sich im Rahmen der Tradition bewegt und in Skripten und Lehrbüchern dargestellt wird.

Diese konventionelle Lehre spiegelt sich in den Katechismen, welche eine Zusammenfassung der katholischen Lehre für breitere Bevölkerungsschichten erschließen. Der Anstoß zu einem derartigen Lehrbuch für den Klerus in der Pastoral, der das Volk dementsprechend unterweisen soll, reicht in die 1. Sitzungsperiode des Konzils von Trient zurück und stellt auch eine Antwort auf Luthers »Enchiridion. Der kleine Catechismus für die gemeine Pfarrherrn und Prediger« von 1529 mit 44 Fragen und Antworten dar. Während der 3. Sitzungsperiode wird katholischerseits mit der Erstellung begonnen, unter dem Eindruck des 1555 erschienen großen Katechismus »Summa doctrinae christianae« des Petrus Canisius, der mit seinen 213 Fragen und Antworten an Studenten gerichtet ist. Nach dem Konzil entsteht 1566 der »Catechismus Romanus«, der zügig in mehrere Landessprachen übersetzt wird (deutsch: »Römischer Catechismus«, Dillingen 1568) und für Jahrhunderte einen maßgeblichen Einfluss entfaltet, da er die Inhalte liefert, worin der Klerus das Volk zu unterweisen hat. Er ist in vier Abschnitte gegliedert: Artikel des Glaubensbekenntnisses, Sakramente, Dekalog und Vaterunser.

Der Catechismus Romanus spricht von einer geistigen Natur (spiritualis natura) der Engel, die Gott aus nichts und in großer Zahl erschaffen hat, damit sie ihm dienen (27).[78] Im Übrigen werden die Engel im Kontext zu Fragen und Antworten zu anderen zentralen Themen lediglich miterwähnt, etwa dass die Engel durch Christus geschaffen sind (56), der selbst alle Engel überragt (330), oder dass sie Gott im Himmel anbeten (251) und stets das Angesicht des Vaters im Himmel sehen, dem sie auch die Anliegen der Menschen vortragen (379). Die Engel können Schutz gewähren und wunderbare Dinge wirken (514-15). Erwähnt werden die Engel auch im Zusammenhang mit biblischen Aussagen, etwa dass Maria durch den Engel die Verkündigung erfährt (43) oder die drei Engel bei Abraham zu Gast waren (141).

Weitere Katechismen in den unterschiedlichen Ländern unterstreichen den klassischen Grundbestand an Lehren über die Engel. Das von ihm selbst verfasste »Kompendium der christlichen Lehre«, nach seiner Papstwahl von Pius X. für die Kirchenprovinz Rom verbindlich eingeführt, vereinigt drei Katechismen für die unterschiedlichen Zielgruppen oder Bedarfe: Einen sehr kurzen Katechismus für Kinder über die Kernaspekte der Glaubenslehre, einen sog. »kleinen« Katechismus und einen »großen« Katechismus, der drei kurze

Abschnitte explizit den Engeln widmet: Zuerst und die Lehre betreffend im Rahmen des Glaubensartikels über die Schöpfung des Himmels durch Gott (1.2 §2), dann im Rahmen des Kalendariums über die Engelfeste (2.6) sowie im Rahmen eines narrativen Abrisses der alttestamentlichen Geschichte eine kurze »Erzählung« über Engel und Engelfall (5.1.3).

Katechismus der Katholischen Kirche (KKK)

Die konventionelle Lehre der Kirche über die Engel wird auch im aktuellen Katechismus der Katholischen Kirche (KKK) von 1992 dargestellt. Dieser skizziert die Lehre von den Engeln folgendermaßen (326-336): Der KKK stellt es als eine durch Schrift und Tradition bezeugte Glaubenswahrheit dar, dass es rein geistige, körperlose, unsterbliche Geschöpfe gibt. Diese Engel gehören der geistigen Schöpfung zu im Unterschied zur körperlichen Schöpfung der Welt, der der Mensch angehört, welcher aus Geist und Körper besteht. Die Engel sind personal und verfügen über Verstand und Willen. Als solche sind die Engel Diener und Boten Gottes, woher sich der Name Engel als Bezeichnung für ihre Aufgabe ableitet. Die Engel umgeben Gott, sehen beständig das Antlitz des Vaters im Himmel, weilen selbst ebenda im Himmel als dem Ort der geistigen Geschöpfe und überragen alle sichtbaren Geschöpfe an Vollkommenheit.

Die Engel sind Christus untergeordnet, umgeben ihn und dienen ihm bei der Erfüllung seiner Sendung, die zum Heil führt.

In der Feier der Liturgie ist die Kirche mit dem himmlischen Lobpreis Gottes der Engel vereint. Auch ist das christliche Leben im Glauben auf die himmlische Gemeinschaft von Engeln und Menschen bei Gott bezogen. Die Engel stehen durch ihre geheimnisvolle, mächtige Hilfe der

Kirche auf Erden bei. Einem jeden Gläubigen steht ein Engel als Beschützer zur Seite (Schutzengel).

Der KKK hält fest, dass die Engel wie auch die Menschen als intelligente und freie Geschöpfe sündigen können und durch die tatsächliche Sünde das moralische Übel in die Welt gekommen ist, dessen Urheber nicht Gott ist (311). Dem Sündenfall des Menschen liegt der Engelfall zugrunde d.h. die Sünde der gefallenen Engel, die einen unwiderruflichen Charakter aufweist und daher nicht bereut oder vergeben werden kann. Obgleich als Gute geschaffen, wurden diese Engel aufgrund ihrer eigenen freien Entscheidung böse. Als solche üben diese gefallenen Engel einen unheilvollen Einfluss aus innerhalb der Grenzen ihrer Macht (391-95).

In den skizzierten Konturen des Katechismus hat sich die Engellehre im Bereich der Volksreligiosität bis zur Mitte des 20. Jhd. etabliert. In ebendieser Gestalt wurde sie in Katechismen und Lehrbüchern dokumentiert, was auf dem Weg der Katechese wiederum die Volksreligiosität beeinflusste. Dieser Regelkreis aus Volksreligiosität, Katechismus, Katechese, verbreitetem Glaubenswissen und theologischer Ausbildung ist zumal in den westlichen Gesellschaften seit der Mitte des 20. Jhd. zunehmend in die Krise geraten und zerbrochen.

Eine weitgehende de facto Säkularisierung, auch im Bereich des Glaubenslebens, stellt bevorzugt den Menschen in seinen Existentialen und situativen Befindlichkeiten in den Fokus: Eine solche Säkularisierung erstreckt sich auch auf die Lebenswelt und Weltanschauung der Gläubigen, auf das noch vorhandene Leben in den Pfarrverbänden, auf die kirchlichen Initiativen und Verlautbarungen sowie auf die Themen, die die moderne Theologie überhaupt in den Blick nimmt.

In einem derart säkularisierten Kontext sind die Engel, wenn auch nicht thematisch geleugnet, so zumindest weit in den Hintergrund getreten und verblasst. In säkularisierter

Gestalt begegnen sie z.B. als Weihnachtsengel, in der a-religiösen Sprache der DDR als Jahresendzeitflügelpuppe bezeichnet, in persönlicher Not und Gefahr als Schutzengel für den Einzelnen. In einer anderen Hinsicht erscheint das Interesse an Engeln auch weiterhin durchaus gegeben, allerdings entfernt von der Theologie und von einem kirchlich getragenen Glaubensleben in einen eher esoterischen Bereich transponiert.

Gegen einen solchen de facto Säkularismus stemmen sich u.a. traditionalistische Bewegungen sowie andere konservative Bestrebungen in der Katholischen Kirche. Diese bemängeln die Reduktion auf Menschenthemen und stellen bewusst Gott und was zu ihm gehört in den Fokus. Dies betrifft auch die Engel, die dort in den Konturen der klassischen Katechismuslehren weiterhin im Blick sind.

Im Kontext eines solchen Widerstreits, aber keineswegs nur in diesem Kontext, steht die Auseinandersetzung um das Engelwerk (Opus Angelorum, OA) und seine Lehren Ende des 20. Jhd. bis in die Gegenwart. Das Engelwerk sieht es als sein Ziel an, zur Verehrung der heiligen Engel beizutragen und diese Verehrung zu verbreiten. Dafür hat es seit seiner Gründung 1949 Unterstützung auch durch einige Bischöfe erfahren.

Auf der anderen Seite sind einige Lehren und Praktiken des Engelwerks durch die Kongregation für die Glaubenslehre untersucht und verboten worden, da »die dem Opus Angelorum eigene Engellehre und gewisse von ihr herstammende Praktiken der Heiligen Schrift und der Überlieferung fremd sind und daher nicht als Grundlage für die Spiritualität und Aktivität von kirchlich anerkannten Vereinigungen dienen können.«[79] Explizit erwähnt werden die auf Gabriele Bitterlich und ihre vorgeblichen Privatoffenbarungen zurückgehenden »Theorien [...] über die Welt der Engel, ihre persönlichen Namen, ihre Gruppen und Aufgaben«, das

»Schweige-Versprechen« über bestimmte Teile der internen Lehren, die Praxis der Sühnekommunion und der Exorzismen.

Gebrauch und Verbreitung von Bitterlichs Theorien und Lehren werden verboten. Worum es sich bei diesen teilweise nur innerhalb des Engelwerks zu verbreitenden Lehren über die Engel handelt, ist mit Bezug auf das sog. Handbuch des Engelwerks im Nachgang zu kirchlichen Untersuchungen aufgearbeitet worden.[80] Dokumentiert werden ausführliche Namenslisten von hunderten guten und gefallenen Engeln. Dabei wird konkret zugeordnet, welche Dämonen hinter welchen Versuchungen, Bedrängnissen, Verdunkelungen oder Veränderungen der menschlichen Seele angeblich stehen und wer genau für welche menschlichen Übel verantwortlich sei. Es wird angenommen, dass der negative Einfluss der bösen Engel durch Strahlungen ausgeübt wird. Auch wird davon ausgegangen, dass der Name eine Schwingung darstellt, so dass bestimmte Dämonen infolge der Schwingung ihres Namens durch die Schwingung der Namen von ganz bestimmten guten Engeln bekämpft werden können. In der Kritik stehen sowohl die Namen von Engeln und Dämonen, die oftmals auf außerchristliche Traditionen wie die Kabbala oder persische Dualismen zurückgehen, als auch abergläubische Vorstellungen zur strahlungsbasierten Wirkweise der Dämonen und zur Bekämpfung der Dämonen durch die Schwingung jeweils ganz bestimmter guter Engelnamen, wenn diese ausgesprochen werden.

Nachdem Gebrauch und Verbreitung derartiger Elemente aus der Lehre des Engelwerks verurteilt und verboten worden sind und ein durch den Heiligen Stuhl eigens eingesetzter externer Delegat mit der Umsetzung der Vorgaben betraut worden ist, wurde dem Engelwerk 2010 eine positive Entwicklung attestiert, dass dieses sich nunmehr in »Übereinstimmung mit der überlieferten Lehre und den Weisungen der höchsten Autorität« befindet und davon ausgegangen werden könne, dass die entgegenstehenden Lehren nicht mehr verbreitet werden.[81] Die Signale seitdem erscheinen widersprüchlich: Einerseits hat man sich von Bitterlichs Lehren losgesagt, andererseits spielen Bitterlich und ihre Lehren neuerdings womöglich doch wieder eine Rolle, so dass das Engelwerk von einer gewissen Ambivalenz gezeichnet bleibt.

Kapitel 13

Engel in christlicher Sicht – Eine theologische Zusammenschau

Wer oder was sind Engel? Gibt es sie tatsächlich oder verkörpern sie das mythologische Ergebnis von Fremdeinflüssen aus anderen Religionen und Kulturen? Auf der Basis des Durchgangs durch die geschichtlichen Stadien der Engelvorstellungen ist zwischen einem Grundbestand des atl. Engelglaubens und von außen zugewachsenen Vorstellungen zu unterscheiden. Wer oder was Engel sind und inwiefern sie zum Glauben gemäß der jüdisch-christlichen Tradition gehören, lässt sich folgendermaßen beantworten:

1. Engel existieren - Erfahrung des Boten mit Gotteserfahrung verschränkt

Dass Engel existieren, entspringt nicht einer Idee, nicht den Einflüssen aus Vorstellungen fremder Religionen oder Kulturen, sondern ist jüdisch-christlich gestützt auf religiöse Erfahrung – eine Erfahrung, die mit der Gotteserfahrung verschränkt ist. Dass der JHWH-Glaube Israels auch den Boten JHWHs mit umfasst, gründet in der spezifischen Art und Weise der Gotteserfahrung, wie diese an einigen Stellen der frühen Schichten des AT zum Ausdruck kommt und in die Tradition Israels seit frühester Zeit eingeflossen ist. Der Bote (mal'ak) spricht oder handelt, als sei die Botschaft durch Gott selbst gesprochen oder vollbracht – so das Zeugnis dieser religiösen Erfahrung (u.a. Ri 2,1; vgl. Kapitel 3).

Erfahrung aber ist per se immer auch gedeutete Erfahrung. Wegen der als-Struktur menschlicher Erkenntnis kann auch die Erfahrung des Gottesboten gar nicht anders als interpretiert konstituiert werden. Dass in dieser Erfahrung der Bote als Bote vernommen wird, erfolgt auf dem Hintergrund eines Vorverständnisses vom Botendienst, wie dieser etwa aus dem politisch-diplomatischen Bereich jener Zeit bekannt ist. Das Vorverständnis von einem Boten erscheint offenbar als angemessenes Deutungsmuster, das Erfahrene zum Ausdruck zu bringen. Gemäß dem Glauben Israels erscheint Gottes Wort im Wort seines Boten auf und wird auf diese Weise für den Hörer des Wortes erfahrbar.

Die Erfahrung des Boten JHWHs begegnet mit der Gotteserfahrung verschränkt. Der Bote verkündet nichts anderes als Gottes Wort, keinerlei eigenes Wort. Im Wort des Boten erklingt nichts anderes als das Wort JHWHs, vergleichbar einer direkten wörtlichen Rede, die lediglich widergegeben wird. Das Wort des Boten erscheint gänzlich transparent auf das Wort JHWHs selbst. Der Bote wird so sehr transparent auf den Grund seiner Sendung, dass von ihm nichts anderes als das vermittelte Gotteswort vernehmbar wird.

Wer oder was der Bote selbst eigentlich ist, bleibt in dieser frühen Phase außerhalb der Betrachtung: Die Eigengestalt des Boten, wie er auftritt, wie er aussieht, was für ein »Wer« er eigentlich ist. Auch kommt ihm kein Name zu. Der Bote handelt im Namen dessen, der ihn gesandt hat. In dieser Sendung erfüllt der Bote, was das Wesen seines Botenseins ausmacht. Das Wort des Boten oder seine Tat ist nichts anderes als das Wort oder die Tat dessen, der ihn gesandt hat. Der Bote selbst tritt hinter dieser Sendung zurück, wird so sehr transparent auf diese seine Sendung, dass er darin aufzugehen scheint. Wenn der Bote spricht oder handelt, dann spricht darin jener, der ihn gesandt hat. Was der Bote spricht, ist genau das, wozu er gesandt ist; er spricht das Wort dessen, der ihn gesandt hat und in dessen Namen er seinen Auftrag vollbringt.

In Verwirklichung seiner Sendung tritt der Bote und damit auch seine Gestalt völlig hinter die Botschaft zurück und geht in dieser gleichsam auf. Der Bote erschöpft sich in der Rolle des Gesandten, der Gottes Wort und darin diesen selbst repräsentiert. Der Bote spricht und handelt in der Vollmacht und an der Stelle JHWHs, er vermittelt Wort und Tat JHWHs, er vermittelt darin diesen selbst, er repräsentiert ihn und er vergegenwärtigt ihn. Das Wort des Boten wird transparent auf JHWHs eigenes Wort, das gleich einer direkten Rede widergegeben erscheint. Im Wort des Boten scheint das Wort JHWHs auf – und nicht nur das: im Boten scheint JHWH selbst auf. Im Boten wird das Wort JHWHs sowie in diesem JHWH selbst epiphan.

Der Bote tritt auf als Gottes Gesandter, vermittelt die Gotteserfahrung, spielt selbst aber keine eigene Rolle. Es wird also unterschieden zwischen der Erfahrung des Boten und der in dieser konkreten Erfahrung vermittelten dahinterstehenden Gotteserfahrung als dem eigentlichen Grund dieser Erfahrung, so wie es etwa in der Hagar-Erzählung zum Ausdruck kommt. Hagar erkennt in der Erfahrung des Boten, dass JHWH selbst auf sie gehört und geschaut hat.

Die Erfahrung des Boten Gottes und die Gotteserfahrung begegnet als eine einzige, zweidimensionale Erfahrung. Erfahren wird das Wort des Boten, das jedoch auf das eigene Wort JHWHs hin transparent wird. Aus dem vermittelnden Wort des Boten heraus, in diesem sowie über dieses hinaus wird das eigene Wort JHWHs erfahrbar, welches in-über der Erfahrung des Botenwortes miterfahren wird. Die Erfahrung des Botenwortes als vermittelnde Grundlage bleibt bestehen, es wird durch das darin miterfahrbare Wort JHWHs nicht aufgelöst. Das Botenwort ist vermittelnderweise und repräsentierenderweise auf das Wort JHWHs hin ausgerichtet, dem es völlig zu Diensten ist. Somit hat das Botenwort und hat auch der Bote als Bote nicht eine Existenz für sich, sondern er existiert aus dieser seiner Sendung heraus.

Es entspricht der Gotteserfahrung, wie sie auf einer frühen Stufe Israels zum Ausdruck kommt, dass die Erfahrung von Gottes Boten mit dieser Gotteserfahrung verschränkt ist. Somit ist die Rede von Gottes Boten, gestützt auf religiöse Erfahrung, im Gottesglauben Israels selbst verwurzelt, so innerhalb der Verheißungstradition und der Exodustradition. In der Rede von Gottes Boten, wie sie sich in den frühen Erzählungen findet, kommt die religiöse bzw. Gotteserfahrung in Israel auf eine sehr spezifische Weise zum Ausdruck, zu der es in dieser Form keine Entsprechung aus den religiösen Vorstellungen in der Umwelt Israels gibt. Die Rede von Engeln in diesem Sinn ist insofern nicht das Produkt von Ideen oder von Vorstellungen, die aus dem Umfeld Israels übernommen worden wären.

Erst in einem zweiten Schritt begegnet die Auffassung vom Boten Gottes, die dabei als fest etabliert vorauszusetzen ist, mit ergänzenden Vorstellungen vermittelt, die aus dem Umfeld Israels bekannt sind und die in jahwesierender Weise rezipiert werden. In Kanaan findet sich die auch ugaritisch, sumerisch und darüber hinaus belegte Ansicht verbreitet, dass ein einziger, höchster Gott, dem alle anderen Götter untergeben sind, in einer Art himmlischen Versammlung (Anunna) den Vorsitz führt. Eine solche Sichtweise zeigt religionsgeschichtlich den Übergang aus einem bereits im Kern überwundenen Polytheismus aus Naturmächten hin zum Glauben an einen höchsten Gott (Henotheismus), während die Verehrung anderer Gottheiten in den Hintergrund tritt.

Auch in der Religionsgeschichte Israels begegnet in diesem Kontext vorexilisch, d.h. vor der Ausprägung eines umfassenden Monotheismus, die Vorstellung von JHWH als dem höchsten Gott, dem die Götter der Nachbarvölker und alle übrigen Gottheiten untergeben sind. Die anderen Götter werden JHWH subordiniert, einige von ihnen wie z.B. lokale El-Gottheiten einschließlich ihrer Attribute und lokaler Heiligtümer in den JHWH-Glauben hinein assimiliert. Insbesondere bei den assimilierten Erzähltraditionen der lokalen Heiligtümer wird anstelle der früheren Gottheit nicht etwa JHWH, sondern abgestuft zu diesem sein Bote genannt, was wiederum unterstreicht, wie sehr die Vorstellung von Gottes Boten zu jener Zeit im Glauben Israels bereits fest verankert ist.

Dass es so etwas wie einen himmlischen Ort gibt, dort die anderen macht- und profillos gezeichneten Gottheiten d.h. Ex-Götter oder Mächte als JHWH, dem universalen König, untergeben verortet werden und eine Art Ratsversammlung unter JHWHs Regentschaft bilden (Ps 82), und dass an diesem himmlischen Ort auch Gottes Boten einordnend verortet werden, stellt eine Interpretation im Rahmen dieses zweiten Schritts der religionsgeschichtlichen Entwicklung dar. Diese Interpretation eines himmlischen Hofs ist vorausgesetzt, wenn etwa in elohistischer Tradition Gottes Bote »vom Himmel her« rufend dargestellt wird.

Diese zweite Stufe der Entwicklung im Engelverständnis ist gegenüber dem ursprünglichen Verständnis zu unterscheiden. Durch eine solche nachträgliche Interpretation wird aber die ursprüngliche Erfahrung d.h. Zusammenhang der Erfahrung von Gottes Boten mit der Gotteserfahrung nicht aufgehoben.

In einem dritten Schritt der religionsgeschichtlichen Entwicklung werden allerlei bildhaft konkrete und mythologische Vorstellungen aus der multikulturellen orientalischen Umwelt Israels assimiliert. Der verstärkte kulturelle Austausch unter wechselnder Fremdherrschaft in der Exils- und Nachexilszeit – multikulturelle Großreiche der Babylonier, Perser, Griechen, der ägyptischen Ptolemäer, syrischen Seleukiden und Römer – beeinflusst die weltanschaulichen und volksreligiösen Vorstellungen im Judentum, die sich insbesondere in der apokalyptischen Literatur jener Zeit niederschlagen. Viele dieser Vorstellungen beziehen sich auf eine himmlische Welt mit Myriaden von Engeln einschließlich apokalyptischer Kämpfe.

Die im Himmel lebenden Wesen werden seit der der griechischen Septuaginta nunmehr generalisierend als Engel bezeichnet. Den Engeln wird eine kosmische Bedeutung für die Ordnung der Gestirne oder der Naturgewalten zugesprochen.

Dieser dritte Schritt mit einer breiten Rezeption mythologischer Motive, eine weitere Stufe der Interpretation in der Entwicklung der Engelvorstellungen, hebt den ursprünglichen, mit der Gotteserfahrung einhergehenden Kern des Engelglaubens nicht auf. Somit ist der Engelglaube im jüdisch-christlichen Sinn trotz späterer Überlagerungen keineswegs als Produkt äußerer Einflüsse zu bezeichnen. Vielmehr sind diese Fremdeinflüsse vom ursprünglichen, mit der Gotteserfahrung verschränkten Engelglauben zu unterscheiden.

Unterscheidet man aber die ursprüngliche Erfahrung von Gottes Boten gegen die späteren Phasen der Entwicklung, so wird deutlich, dass die Rede von Gottes Boten zum Grundbestand des Glaubens gemäß der jüdisch-christlichen Tradition gehört, der Engelglaube nicht von außen zugewachsen ist. Gottes Bote d.h. der Engel ist eine Wirklichkeit nicht von dieser Welt, der Glaube an ihn keine Projektion, keine Phantasterei, keine Idee, sondern im Zusammenhang mit der Gotteserfahrung selbst begründet.

Die religiöse Erfahrung von Gottes Boten in den frühen Schichten des AT ist mit der Gotteserfahrung verschränkt. Die Erfahrung begegnet derart verwoben, weil das Verhältnis zwischen JHWH und dem Boten ein Verhältnis sui generis ist, das nicht von dieser Welt ist, sondern diese Welt überragt.

Es ist deshalb ein Verhältnis von gänzlich eigener Art, weil JHWH Gott ist. Das Verhältnis sui generis zwischen JHWH und seinem Boten erweist sich analog zum Gott-Welt-Verhältnis als abgründig und wird durch die Kreatürlichkeit sowie durch die Gnade von Gott her bestimmt.

2. Engel sind als eigener Typ von Wesen von Gott erschaffen

Der Engel steht in einem einzigartigen Verhältnis zu Gott in zweierlei Hinsicht: 1. Wie alles, was ist, ist auch der Engel ein Geschöpf dessen, von dem her alles ist und ohne den nichts ist. Engel stehen nicht in sich; sie sind keine Götter oder Göttersöhne, anders als mythologische Vorstellungen dies erzählen, sondern sie sind nichts anderes als Geschöpfe. Weil Gott aber Gott ist, steht der Engel angesichts Gottes in seinen eigenen Seinsabgrund hinein; sein Verhältnis zu Gott ist kreatürlich durch den seinsabgründigen Gründungsbezug geprägt.

2. Der Engel ist im Hinblick auf seine Existenz als Bote Gottes derart geschaffen, dass darin die Möglichkeit angelegt ist, Gott zur Welt hin oder zu einem Adressaten in der Welt, zu dem der Engel gesandt wird, zu repräsentieren, ihn zu vergegenwärtigen und in seinem vernehmbaren Auftreten den unsichtbaren Gott selbst vernehmbar oder epiphan werden zu lassen. Der Engel ist somit ein Geschöpf, das auf seine Sendung hin geschaffen ist, anderen Geschöpfen, welche in dieser Welt leben, die ihm aufgetragene Botschaft von Gott her kundzutun. Der Engel, selbst eine Kreatur, vollzieht seine Sendung in jenem Grenzbereich, dass er Geschöpfen in der Welt explizit direkte Kunde bringt von dem her, welcher der Grund allen Seins ist, und zwar in einer Weise, dass der Engel Gott repräsentiert.

Zur Welt hin agiert der Engel als Gottes Bote in einem Verhältnis, das nicht von dieser Welt ist, so wie Gottes Verhältnis zur Welt eine Relation gänzlich eigenen Typs bedeutet. Gottes Bote erfüllt im Kontext dieses besonderen und abgründigen Gott-Welt-Verhältnisses seine Sendung. Das Verhältnis Gottes zur Welt besteht nicht in jener Weise wie das Verhältnis zwischen zwei Menschen innerhalb der Welt. Vielmehr gründet diese Welt in ihm als dem Schöpfer; er überragt diese Welt in absoluter Weise, worin seine Transzendenz hinsichtlich der Welt begründet ist.

Die Sendung des Boten ereignet sich genau an diesem Punkt der spezifischen Besonderheit des Verhältnisses Gottes zur Welt. Der Bote nimmt eine Brückenfunktion, eine Mittlerrolle in der Mitteilung Gottes wahr, indem er an der Offenbarung Gottes mitwirkt. Weil es aber die Offenbarung Gottes ist, an der er mitwirkt, daher stellt diese Mittlerrolle nicht irgendeinen singulären Botendienst neben anderen dar, nicht vergleichbar mit den Botendiensten innerhalb des Weltgeschehens, die von kontingenter Art sind. Weil Gott der eine Gott ist, bestimmt die Sendung des Boten als Bote Gottes zugleich sein ganzes Wesen. Diese Sendung durch Gott macht nicht nur aus, was der Bote einmalig sagt, sondern grundlegend auch, was er ist und wer er ist.

Somit steht der Bote in einem besonderen Verhältnis zu Gott, da er von diesem derart in Dienst genommen, in dessen Offenbarungsbewegung zur Welt hin einbezogen ist, dass diese Sendung sein Wesen zuinnerst prägt. Dieses sein Verhältnis zu Gott kann nicht nach Art innerweltlicher Relationen bestimmt werden, weil Gott als Gott absolut ist.

Vielmehr ist der geschaffene Bote durch Gott einbezogen in dessen eigene Offenbarung, welche nicht von dieser Welt ist, sondern diese Welt vertikal trifft. Selbst vertikal zur Welt aufzutreten, von Gott in diese vertikale Bewegung einbezogen zu sein in einer Weise, die nicht von dieser Welt ist, somit über die Grenzen dieser Welt gewissermaßen herausgehoben zu sein, um seine Sendung zu vollbringen, und zwar als Geschöpf, dies macht das spezifische Wesen des Engels aus, wer oder was er eigentlich ist.

Die kirchliche Tradition spricht an dieser Stelle von der »unsichtbaren Welt«, die wie die sichtbare Welt von Gott erschaffen ist. Der Engel ist kreatürlich, aber derart geschaffen, dass er herausgehoben ist aus der übrigen kreatürlichen Wirklichkeit, dass er im Rahmen der Mitteilung Gottes zur Welt, welche nicht von dieser Welt ist, sondern diese Welt vertikal trifft, seine Sendung als Gottes Bote vollzieht und darin in Fülle verwirklicht, was sein Wesen ausmacht. Diese Besonderheit ist der Sinn der Rede von der »unsichtbaren Welt«, die nicht nur einen »dunklen«, »unsichtbaren« Bereich des Universums meint, der menschlichen Augen verborgen ist, auch kein anderes, paralleles Universum, sondern einen kreatürlichen Bereich, der derart bei Gott ist, dass er an der Mitteilung Gottes zur Welt hin, welche nicht von dieser Welt ist, sondern von Gott her die Welt vertikal trifft, mitzuwirken vermag.

3. Engel sind personal

Als Kreatur steht der Engel wie nichts vor dem Schöpfer aus nichts, d.h. er ist ganz und gar von Gott her, und zwar in einer solchen sein Wesen kennzeichnenden Seinsfülle, dass er Gott gleichsam gegenüber tritt, dass er Gott begegnet, indem er vor Gott steht und ihm dient: Der Engel ist Person.

Person ist der Engel gemäß der Besonderheit der »unsichtbaren Welt« d.h. auf geistige Weise: Er ist ein Jemand, ohne ein Etwas zu sein, bzw. ein »Etwas« in einem anderen Sinn als die Etwasse in dieser Welt, die allesamt ein Etwas sind, das irgendwie ist und das man – gemäß den aristotelischen Kategorien – aus Substanz und Akzidenzien bestehend bezeichnen kann.

Der Engel hingegen: Ist dieser als Person eine Substanz, ggf. ohne Eigenschaften oder vielleicht mit anderen, geistigen Eigenschaften? Diese Fragestellung steht hinter der scholastischen Auseinandersetzung, ob Engel substantiae separatae d.h. Substanzen ohne Akzidenzien sind, weil sie im Kontext der unsichtbaren geistigen Welt einfach ganz anders sind als die Personen in dieser Welt. Oder sind sie substantiell im Modus einer Art von geistiger Materie (materia spiritualis), ggf. mit geistigen Eigenschaften? Derartige Annäherungsversuche an das Wesen der Engel gehen von einem bestimmten Wirklichkeitsverständnis aus, das von den Seinsstrukturen dieser Welt geprägt ist. Ein solches Wirklichkeitsverständnis gerät jedoch an seine Grenzen, wenn es das Wesen von Engeln beschreiben soll, die, obgleich kreatürlich, nicht von dieser Welt sind. Eine Ontologie der unsichtbaren, geistigen Welt jedoch kann aus den Perspektiven dieser Welt nicht erschlossen werden. Eine Physik der geistigen, unsichtbaren Welt bleibt notwendigerweise unerkannt, nicht nur, weil sie aus den Perspektiven dieser Welt unzugänglich wäre, sondern weil es keine Physik der unsichtbaren Welt gibt, weil ihr eine Physis gar nicht zukommt, sondern die Existenzweise der Engel »bei Gott« subsistierend und in der Sendung existierend gedacht werden muss.

Weil der Engel »existiert« d.h. in seiner Sendung zur Welt hin »heraustritt«, schließt dies ein, dass er auch subsistiert d.h. dass es ihn »gibt«, sogar in einem höchst personalen Sinn, wobei Existenz und Subsistenz im das Wesen des Engels ausmachenden »Sein bei Gott« konvergieren. In einem solchen Sinn lässt sich der Begriff »Substanz« aus der Tradition in einem analogen Sinn interpretieren.

Die Sendung des Engels, Gottes Botschaft zu künden derart, dass der Engel Gottes Wort und darin diesen selbst erfahrbar werden lässt, macht sein Wesen aus. Gottes Bote besteht nicht in sich, an sich oder für sich, sondern gründet und existiert ganz und gar in Gott, bei Gott, für Gott und aus Gott heraus. Die besondere Sendung, an der Selbstmitteilung Gottes mitzuwirken, welche die Welt vertikal trifft, lässt auf die Seinsfülle des Engels schließen. Patristische Auffassungen haben die Engel als seinsmäßig höchste Kreaturen dargestellt, in denen das Sein in höherer und vollerer Weise verwirklicht ist als in allen anderen Geschöpfen. Aufgrund dieser Tatsache sah man die Engel befähigt, das göttliche Licht jenen Kreaturen zu vermitteln, denen das Sein aufgrund von deren Wesen in weniger voller Weise zukommt.

Aufgrund ihrer Sendung, stellvertretend für Gott dessen eigenes Wort zu überbringen und darin Gottes Wort sowie diesen selbst erfahrbar werden zu lassen, verwirklichen die Engel das Personsein in höchstmöglicher Weise. Die Engel sind daher als Träger von Bewusstsein, Erkenntnis, Freiheit und Liebe zu charakterisieren, und zwar entsprechend ihrer je eigenen Seinsfülle in einem analogen Sinn: Aufgrund ihrer Seinsfülle kommt den Engeln Bewusstsein, Erkenntnis, Freiheit und Liebe in einer höheren Weise als etwa irdischen Menschen zu. Analog ist diese Zumessung, insofern die Engel der geistigen, unsichtbaren Welt zugehören.

Der Engel steht als Geschöpf vor Gott, ihm gleichsam gegenüber, asymmetrisch über den kreatürlichen Seinsabgrund hinweg, und steht als ein solcher in Gottes besonderem Dienst. So lässt sich das Existenzial und von diesem aus auch das Wesen des Engels als Person charakterisieren. Sein Verhältnis zu Gott sowie sein Verhältnis zu den Geschöpfen in der sichtbaren Welt ist ein Verhältnis, das nicht von dieser Welt ist, sondern diese Welt überragt.

4. Engel stehen in der Gnade

Gott hat es in seinem Ratschluss nicht dabei belassen, die Welt zu erschaffen und sich in seiner schöpferischen Treue um sie zu sorgen. Vielmehr hat er sich in einem eigenen Akt dieser seiner Schöpfung über die natürlich-kreatürliche Ordnung hinaus auf neue Weise zugewendet und sich ein heiliges Volk aus allen Völkern erwählt.

JHWH hat Israel ausdrücklich zu seinem Volk erwählt: »Der Herr hat sich Jakob erwählt, Israel wurde sein Eigentum« (Ps 135,4). Diese Erwählung zeigt sich konkret darin, wie JHWH an Israel in dessen Geschichte gehandelt hat, wie er sein Volk aus Ägypten herausgeführt und auf dem Weg begleitet und welche Zukunft er ihm verheißen hat.

Grundlegend für die Erwählung Israels als das Volk aus allen Völkern, das JHWH persönlich gehört (Dtn 7,6), ist der Exodus aus Ägypten: »Als Israel aus Ägypten auszog, Jakobs Haus aus dem Volk mit fremder Sprache, da wurde Juda Gottes Heiligtum, Israel sein Herrschaftsbereich« (Ps 114,1). Im Zusammenhang mit dem Exodus wird Israel erstmals als »mein Volk« bezeichnet (Ex 3,7.10).

Ri 2,1 sieht Gottes Boten aussprechen, was Gottes eigenes Wort repräsentiert: »Ich habe euch aus Ägypten heraufgeführt und euch in das Land gebracht, das ich euren Vätern mit einem Eid zugesichert hatte. Ich hatte gesagt: Ich werde meinen Bund mit euch niemals aufheben.« In diesem Wort erscheint sowohl die Verheißungs- als auch die Exodustradition, d.h. die beiden ureigensten Momente des Bundes JHWHs mit Israel, auf den Boten JHWHs bezogen. Insbesondere die Verheißungs- und die Exodustradition sind durch mannigfaltige Zeugnisse für das Auftreten von Gottes Boten gekennzeichnet. Gottes Bote ist in dieses Geschehen der Erwählung und Verheißung einbezogen. Das Wort der persönlichen Zueignung, »mein Volk«, das diese Erwählung qualifiziert, gilt für Gottes Boten daher apiori.

Gott braucht keine Mittler, um mit seinen Erwählten in persönlichen Kontakt zu treten, aber er hat diesen Weg de facto gewählt. Gott braucht auch die Schöpfung nicht (Kontingenz), aber aus freier Liebe hat er diese ins Sein gerufen. In dieser Freigebigkeit Gottes liegt begründet, warum Gott überhaupt eine Welt oder warum er auch eine unsichtbare Welt erschaffen und warum er die geschaffenen Engel zur Mitwirkung an seinem Offenbarungshandeln erwählt hat.

Nachdem Gott in der Geschichte Israel erwählt, auch durch seine Boten zu den Vätern gesprochen und sich selbst kundgetan hat, hat er in der Fülle der Zeit in der Sendung Jesu Christi der Welt sein Antlitz gezeigt (Offenbarung, Selbstmanifestation, Epiphanie) und im Pascha-Geheimnis Jesu Christi sowie durch die Gabe des Heiligen Geistes die Kreatur zu sich erhoben, hinein in eine neue Dimension von Mit-Sein über die kreatürliche Dimension hinaus. Die Engel erscheinen in diesem Zusammenhang gemäß den ntl. Zeugnissen lediglich flankierend, Gottes eigenes Handeln unterstreichend oder den Sinn von oben her erschließend. Ihnen kommt keine konstitutive Funktion für die Erlösung, für die Erhebung der Kreatur zur Teilhabe an Gottes eigenem Leben zu. In der Sendung Jesu Christi und der Ausgießung des Heiligen Geistes hat der ewige Vater über die natürlich-kreatürliche Dimension hinaus gleichsam eine übernatürliche Ordnung grundgelegt, die nicht von der Welt ist, sondern gleichsam quer zu ihr besteht: Eschaton in-über Geschichte.

Im Heiligen Geist wird das ganze heilige Volk in jedem seiner Glieder zur Gemeinschaft mit dem erhöhten Herrn und so zur Teilhabe an dessen innerer Gemeinschaft mit Gott dem Vater erhoben (Gnade, Heil). Die Gabe des Heiligen Geistes verbindet alle, die an Jesus Christus glauben und auf ihn im Geist getauft sind, auf das innerste mit Jesus Christus, so dass sie mitgekreuzigt, mitgestorben, mitauferstanden zusammen mit ihm auch Anteil an jenem Leben erhalten, zu dem er in der Herrlichkeit Gottes vollendet ist. An dieser innersten Gemeinschaft Gottes des Vaters mit dem verherrlichten Herrn Jesus Christus im Heiligen Geist erhalten alle, die zu Christus gehören und den Heiligen Geist empfangen haben, teil. Sie erhalten Anteil am inneren Leben Gottes selbst d.h. an der Koinonia-Gemeinschaft Gottes des Vaters mit Jesus Christus im Heiligen Geist. Ewig ist dieses Leben bei Gott und in Gott, weil Gott selbst ewig ist.

Hierfür gebraucht die Tradition in Anlehnung an 2 Petr 1,4 seit Irenäus von Lyon die Bezeichnung »Theiosis« (»Vergöttlichung«). Der Sache nach bedeutet dies gleichsam die vollendende Einbergung der Kreatur in Gottes eigenes Leben, ein Leben ganz bei Gott, eingeborgen in Gott. Das in der Schöpfung grundgelegte Verhältnis zwischen Schöpfer und Geschöpf wird zu einer Form des partnerschaftlichen Mit-Seins überhöht, das nicht mehr von dieser Welt ist. Der Eigenstand des Kreatürlichen wird dabei nicht etwa aufgehoben, sondern vollendet. Hierin besteht die Berufung als das übernatürliche Ziel alles Geschaffenen.

Die Engel sind als Geschöpfe ebenso zur Teilhabe am übernatürlichen Ziel alles Geschaffenen berufen. Allerdings trägt der Übergang in die Vollendung einen anderen Zug, weil die unsichtbare Welt bereits von ihrer Erschaffung her zum Lebensbereich Gottes gehört, die Engel vor dem Angesicht Gottes stehen. Dabei ist das Wesen der Engel von ihrer Erschaffung her auf den mitwirkenden Dienst an Gottes Selbstoffenbarung ausgerichtet, welche die kreatürliche Dimension übersteigt. Die Natur der Engel ist insofern direkt auf die Gnade hin angelegt. Indem die Engel ihre Sendung vollziehen, für die sie aus Gottes Freiheit und Wohlgefallen geschaffen und berufen sind, stehen sie nicht nur in der Gnade, sondern sie dienen sogar als Werkzeuge der Gnade.

5. Engel sind frei

Gottes schöpferischer Anruf sowie der Anruf zur Vollendung bei ihm zielen auf die Antwort des Geschaffenen. Daher ist das Schöpfungsverhältnis zugleich als Freiheitsverhältnis zu bestimmen: Kreatürliche Freiheit steht im Anruf des Schöpfers (Sollen), dem sie im Maß ihres Hörens antwortet (Freiheit), darin sich selbst vollzieht (Akt) und so die eigene Gestalt verwirklicht (Leben). Das Geschöpf ist in einen Dialog mit Gott gestellt und zur Antwort berufen.

In dieser Antwort, die mit dem eigenen Gegebensein einhergeht, besteht der Grund- und Erstakt der freien Kreatur. In diesem Grundakt vollzieht sich eine Selbstüberbietung (Emergenz) über sich selbst hinaus (Liebe). In diesem Grundakt liegt der akthafte Charakter personaler Existenz begründet.

Diese emergente Dynamik im Grund- und Erstakt ist die Antwort, die an Gott gerichtet ist und die mit der eigenen Existenz einhergeht. Dieser Grund- oder Erstakt bestimmt, wie der Engel (gleichwie der Mensch) als ganzer vor Gott da ist. Da die Existenz des Engels im Unterschied zum Menschen nicht raum-zeitlich aufgespannt ist, bestimmt dieser Grund- und Erstakt die ganze Existenz des Engels gleichsam in einem einzigen »Moment« oder »im Nu«, während beim Menschen dieser Grundakt mit den zahlreichen Einzelakten korrespondiert, die über die Lebenszeit zeitlich aufgespannt sind. Erst indem der Mensch sich in der Geschichte vollzieht, vollbringt er diesen Grundakt in-über den Einzelakten und darin auch die eine große Antwort auf Gottes Anruf. Geist vollzieht sich in Leib, Leib verwirklicht sich in Welt. Der Engel aber vollzieht im Raum der Ewigkeit seine Existenz d.h. seine Sendung und sein Dasein vor Gott.

Da der Engel als Person erschaffen und erwählt ist, von Person zu Person im Angesicht Gottes, sind Schöpfungs- und Erwählungsanruf als Freiheitsgeschehen zu bestimmen, worin dem Schöpfungs- und Erwählungswort Gottes die Antwort der Kreatur, die ihre Existenz bestimmt, entspricht.

Die kreatürliche Freiheit zielt darauf ab, dem Anruf Gottes zu entsprechen und so die Existenz des eigenen Wesens zu vollziehen. Wenn sich die gerufene Freiheit dem Anruf Gottes jedoch versagt, würde das einen Widerspruch zum eigenen Wesen bedeuten. Genau diese Seinswidrigkeit ist es, welche die Tradition mit Blick auf das Bestehen des Bösen bedacht hat. In den apokalyptischen Erzählungen begegnet das Böse auf Ebene der Engel in narrativer Form in reichlich anschaulich-konkreten Vorstellungen vom »Engelfall« (zeitlich aufgespannt: erst existiert der Engel, dann fällt er), von einer Zwischenzeit, in der die gefallenen Engel die Menschen auf Erden versuchen und zum Bösen verleiten, vom apokalyptischen Kampf zwischen guten und bösen Engeln bis hin zum finalen Höllensturz der Bösen.

Das Narrativ von den gefallenen Engeln verfängt insofern, als das Theodizeeproblem dadurch gelöst scheint, wie es denn das Böse in der Welt geben könne, wenn doch der alleinige Schöpfer der Gute schlechthin ist. Wenn also hochstehende Engel sich gegen Gottes Plan entscheiden, so hätte dies aufgrund ihrer Seinsmächtigkeit auch gravierende Auswirkungen auf die Welt – so die Meinung. Dadurch wäre ein Widerstreit zwischen Gut und Böse erklärbar, ohne dass es eines Dualismus auf der Ebene Gottes bedarf, weil eine relative Bipolarität unterhalb von Gott im kreatürlichen Bereich verortet wird. Das Theodizeeproblem wäre dadurch aber nur vordergründig entschärft, weil das Problem weiter bestehen würde, warum Gott so etwas zulässt, dass es überhaupt so etwas wie böse Engel oder deren Beeinträchtigung der Welt geben könne. Die Frage, warum es Böses in der Welt gibt, würde fortbestehen.

Festzuhalten bleibt die Denkmöglichkeit, dass sich gerufene Freiheit dem Schöpfungs- und Erwählungsanruf

Gottes versagen kann. Karl Rahner spricht von der »Hölle als Möglichkeit«.[82] Dies hat die Tradition so gesehen, allerdings auf Basis eines Freiheitsverständnisses, das von der Selbsterfahrung der Freiheit des Menschen geprägt ist. Zugleich begegnet in der christlichen Tradition aber auch das Verständnis von der »Pflicht, für alle zu hoffen«.[83]

Hans Urs von Balthasar pflichtet Karl Rahner bei, wenn dieser sagt: »Wir haben die Sätze von der Macht des allgemeinen Heilswillens Gottes, der Erlösung aller durch Christus, der Pflicht der Heilshoffnung für alle und den Satz von der wahren Möglichkeit ewiger Verlorenheit unverrechnet nebeneinander aufrechtzuerhalten.«[84] Theologisch bleibt dies unbefriedigend, weist aber auf die Grenzen der Reichweite theologischer Reflexion hin. Gott ist der je Größere (Deus semper maior), »Gott ist größer als unser Herz« (1 Joh 3,20). Die Frage nach der kreatürlichen Freiheit und die Hoffnung auf ein Gelingen von Gottes Schöpfungsprojekt ist in der Hoffnung bei ihm aufgehoben.

6. Engel haben teil an der Koinonia

Indem die Engel darauf hin geschaffen sind, bei Gott und vor seinem Angesicht da zu sein, und zugleich dazu geschaffen sind, im Vollzug ihrer besonderen Sendung als Gottes Boten an seinem Offenbarungshandeln mitzuwirken, stehen sie in inniger Gemeinschaft mit Gott.

Diese Gemeinschaft lässt sich charakterisieren zum einen als eine Gemeinschaft der Nähe, vor Gott zu stehen und ihm zu dienen. Der Lobpreis der Engel wie etwa im Trishagion aus Jes 6 qualifiziert den Daseinsvollzug der Engel im Kontext der unsichtbaren Welt. Zum anderen geht die Gemeinschaft der Engel mit Gott über eine bloße Nähe hinaus. Die Engel erweisen sich bei der Ausübung ihrer Sendung, an der Selbstmitteilung Gottes mitzuwirken, innerlich mit Gott verbunden. Die Engel stehen in der Gnade.

Um Gottes Wort und darin diesen selbst zur Darstellung zu bringen und epiphan werden zu lassen, können die Engel nur aufs innerste derart mit Gott verbunden sein, dass ihre Koinonia-Gemeinschaft mit ihm in einem Hineingehobensein in Gottes inneres Leben besteht, d.h. eine koinoniale Teilnahme an der perichoretisch-trinitarischen Lebensdynamik Gottes, welche ihrerseits Koinonia ist d.h. die Koinonia-Gemeinschaft Gottes des Vaters mit Jesus Christus im Heiligen Geist.

Weil aber die Engel Gemeinschaft mit Gott haben, der in sich Koinonia ist, erstreckt sich diese Gemeinschaft auch auf all jene untereinander, die an Gottes Koinonia teilhaben – so wie alle, die den Heiligen Geist empfangen haben und aufs innerste mit Christus verbunden sind, Anteil am Leben des erhöhten Herrn beim Vater im Heiligen Geist haben.

Die Gemeinschaft der Heiligen ist also nicht nur eine Gemeinschaft der zur Vollendung bei Gott gelangten Menschen, sondern sie umfasst die Gemeinschaft all jener, die aufgrund der Gnade Gemeinschaft mit Gott haben d.h. im Leben bei Gott vollendet sind. Dies trifft auf Engel und Heilige zu, die somit auch in Gemeinschaft untereinander bei Gott vollendet sind. Das paulinische Bild vom einen Leib mit vielen Gliedern ist dahingehend umfassend auszulegen, dass zusammen mit der irdischen Kirche auch die himmlische darin umfasst ist. Auch sind himmlische und kirchliche Liturgie miteinander verschränkt; kirchliche Liturgie stellt ein Realsymbol der himmlischen dar. Letztlich wird die irdische Kirche Zug um Zug in die himmlische vollendet.

Ein jedes Seiendes wird bei Gott im Zueinander und Miteinander mit den anderen Mit-Seienden vollendet als jenes, das es von Gottes Schöpfungsidee her ist. Menschen werden insofern nicht zu Engeln, Engel werden nicht zu

Menschen. Gleichwohl werden die generalisierenden Wesensbezeichnungen in der Vollendung bei Gott irrelevant, auch wenn die Geschichte eines jeden sogar in der Vollendungsgestalt relevant bleibt. Der Name »Engel« bezeichnet primär den Dienst. Auch Menschen können als Gottes Boten gesandt werden. Bei zur Vollendung gelangten Menschen nivelliert sich der Unterschied zu jenen himmlischen Kreaturen, die erst seit der Septuaginta generalisierend »Engel« genannt werden. Außerdem ist das Universum der sichtbaren Welt in seinen kosmischen Ausmaßen derart weit, dass Vollendete von anderer als einer irdischen Herkunft nicht auszuschließen sind. Die theologische Sicht auf die Gemeinschaft der Heiligen muss auf alle betroffenen Kreaturen offen bleiben. Ein jedes Seiendes wird bei Gott und in Gott vollendet als jenes, das es selbst ist. Das »Wer« eines jeden wird vollendet im Leben bei Gott, in voller Gemeinschaft mit Gott und untereinander.

7. Engel entbieten Hilfe und Schutz

Alle, die in Gottes Gnade stehen d.h. zur übernatürlichen Teilhabe am Mit-Sein erwählt sind, seien sie in der himmlischen unsichtbaren Welt vollendet oder noch auf dem Weg zur Vollendung, sind mit Gott sowie untereinander in koinonialer Gemeinschaft des Heils verbunden. Dabei macht es keinen Unterschied, ob man noch auf dem Weg der zeitlichen Pilgerschaft unterwegs ist oder ob man das Ziel der Vollendung bei Gott bereits erreicht hat. Zeitliche Differenzierungen bestehen ohnehin nur aus zeitlicher Perspektive der sichtbaren Welt.

Aufgrund der koinonialen Gemeinschaft aller mit allen, die umfassender nicht sein könnte, sind auch die Anliegen und das Ergehen jener, die noch auf dem Pilgerweg der sichtbaren Welt unterwegs sind, zugleich den bei Gott Vollendeten ein Anliegen – zuinnerst weil diese Anliegen Gott selbst ein Anliegen sind.

Weil Gott sein auserwähltes Volk auf dem Weg begleitet und dabei seinen Boten als Beistand sendet, wie die Exodus-Erfahrung beides verinnerlicht, so dürfen zu allen Zeiten jene auf dem Weg den Beistand Gottes und seiner Engel erhoffen und im Glauben erfahren. Da auch jene, die sich noch auf dem Weg befinden, mit Gott und den Seinen in koinonialem, partnerschaftlichem Mit-Sein verbunden sind, können sie im Glauben gar nicht anders, als ihre Anliegen und ihr Ergehen vertrauensvoll in die Hände Gottes zu legen, im Wissen darum, dass ihre Anliegen zugleich auch bei all jenen mit aufgehoben sind, die ebenfalls an der Koinonia Anteil haben.

Hinter solch einer vertrauensvollen Hingabe der Anliegen und des Ergehens steht das Vertrauen, dass Gott in die bestehende Schöpfung hinein und über den Aspekt einer creatio continua hinaus, wenn auch in einem inneren Zusammenhang mit letzterer, wirkt, anders als deistische Vorstellungen dies meinen. Die Selbstmitteilung Gottes in die geschaffene Welt hinein an die bereits existierende Kreatur, welche die Welt gleichsam vertikal von oben trifft, teilweise unter Mitwirkung von Gottes Boten, stellt solch ein Wirken Gottes in die Welt hinein dar. Somit ist ein Wirken Gottes in die Welt hinein über das kreatürliche Moment hinaus nicht nur möglich, sondern es entspricht der von ihm konstituierten übernatürlichen Ordnung. Auch das partnerschaftliche Gespräch mit Gott, ermöglicht durch die pneumatische Erhebung der Kreatur zum partschaftlichen Mit-Sein mit Gott, steht in diesem übernatürlichen Kontext und wird alle Anliegen mit umfassen, welche Gott anheimgestellt werden.

Gott erweist seine Hilfe und er sendet auch seine Boten, wie die Exodus-Erfahrung lehrt. Es bedarf eines Mittlers nicht, aber es hat Gott offenbar gefallen, eigens himmlische Wesen zu erschaffen und zu senden, damit diese an seiner

Selbstmitteilung und an seinem Heilswerk mitwirken. Dieses Mitwirken der Engel oder der Heiligen bedeutet ein Zusammenwirken mit Gott (zweitursächlich), es stellt kein von Gottes Wirken losgelöst zu betrachtendes eigenes Wirken von Engeln oder Heiligen dar, etwa in der Meinung, Engel seien kraft ihres Wesens so mächtig, dass sie kraft eigenen Wirkens helfen können. Auch das Wirken eines Schutzengels ist nicht anders als im Mitwirken mit dem Wirken Gottes zu verstehen.

8. Engel leben bei Gott (Himmel)

Seit dem Exil verheißen die Propheten, wie Gottes Gnade, Huld und Erbarmen, die in Israels Geschichte erfahrbar geworden sind, für die kommende Heilszeit im neuen Zion (Jes 54,1-55,13) erwartet werden dürfen. Micha verheißt, dass Gott Erbarmen haben und die Schuld zertreten wird (Mich 7,19). Deuterojesaja verheißt unter dem Eindruck des Exils, wie Gott sein Volk mit großem Erbarmen heimholen wird, wie sein Bund niemals wanken und seine Huld nie mehr weichen wird (Jes 54,7.10). Tritojesaja verkündet die Verheißung von einem neuen Himmel und einer neuen Erde, welche Bestand haben (Jes 65,17-24; Jes 66,22). Gottes Bund wird als ewiger Bund verheißen (Jes 55,3). »Auf ewig werde ich ihm meine Huld bewahren, mein Bund mit ihm bleibt allzeit bestehen« (Ps 89,29). Gnade, Huld und Erbarmen Gottes zielen auf eine finale Vollendung der Schöpfung sowie des Bundes, die Gott selbst verbürgt.

Vom Heilsereignis in Christus, seiner Vollendung beim Vater und der Ausgießung des Heiligen Geistes her wird deutlich, was Vollendung bedeutet. Die Kreatur wird ihrer raumzeitlichen Begrenztheit enthoben und als die, die sie selbst ist, zur Teilnahme am Leben Gottes, zum Leben in Gott erhoben. Ihre Gestalt wird unter Beibehaltung ihrer

Identität transformiert von einer Werde- in eine Vollendungsgestalt »wie die Engel« nach dem Vorbild des verherrlichten Leibes Jesu (unsichtbare Welt).

»Ewiges Leben« meint keineswegs nur eine ihres Endes enthobene, zeitlich nach vorne unbegrenzt eröffnete Form der Zeit (tempus in perpetuum), sondern Teilhabe an der Ewigkeit (aeternitas) Gottes eigenen Lebens – analog zur Ostererfahrung der Zeugen des erhöhten Herrn, die Jesus als den in der Herrlichkeit des Vaters, in der währenden Gegenwart Gottes vollendeten »Sohn Gottes« und »Christus-Messias« erfahren haben.

Wie in der Auferweckung Jesu Christi die horizontale Geschichte dieser Welt gleichsam vertikal auf den Bereich Gottes hin aufgesprengt ist, so folgt die Kreatur Jesus nach in die währende Gegenwart Gottes, in ein eschatologisches Präsens, das als Teilhabe an Gottes Koinonia ewig währt. Das partnerschaftliche Mit-Sein der Kreatur mit Gott, welches antwortenderweise dem partnerschaftlich-erwählenden Mit-Sein Gottes mit seiner Kreatur entspricht, ist in eine Dimension überhöht, die nicht mehr von dieser Welt ist, sondern dem inneren Bereich Gottes selbst zugehört. Dies ist der Bereich der Gnade.

Ewiges Leben umschreibt das vollendete kreatürliche Sein bei Gott, wenn geschaffenen Engeln und Heiligen gleichermaßen Anteil an Gottes innerem trinitarisch-perichoretischen Leben zuteil wird – und zwar in Gemeinschaft auch miteinander (communio sanctorum). Das ewige Leben der Engel und Heiligen bedeutet, derart bei Gott zu sein, gleichsam in Gott d.h. im »Raum Gottes« eingeborgen, einem nicht raumzeitlichen »Raum«, einem nicht lokalen »Ort«. Solch ein »Raum«, solch ein »Ort« ist der Himmel, wo Gott alles in allem sein wird. Die kreatürliche Antwort angesichts besteht im Glück, in ewiger Freude und ewigem Lobpreis.

Die Vollendungsgestalt ist in der Tradition mit bildhaften Bezeichnungen wie »Himmel«, »himmlisches Jerusalem«, »himmlisches Hochzeitsmahl« oder »Anschauung Gottes« (visio beatifica) umschrieben worden. Tatsächlich aber kann diesen Bildworten aufgrund der Inkommensurabilität von Erde zu Himmel, von Geschichte zu Eschaton keine Anschauung im eigentlichen Sinn zukommen. Eine Ontologie der unsichtbaren, geistigen Welt kann aus den Perspektiven dieser Welt nicht erkannt werden. Eine Physik der geistigen, unsichtbaren Welt bleibt notwendigerweise unerkannt, nicht nur, weil sie aus den Perspektiven dieser Welt unzugänglich wäre, sondern weil es wohl gar keine Physik der unsichtbaren Welt gibt, weil ihr nämlich eine Physis gar nicht zukommt, sondern wie die Existenzweise der Engel »bei Gott« subsistierend und in der Sendung existierend gedacht werden muss. Die Bildworte von der himmlischen Welt bleiben zeichenhaft hingeordnet auf etwas, das sie selbst nicht mehr adäquat zur Darstellung bringen können, weil dieses Ziel die Gestalt dieser Welt eschatologisch übersteigt.

Das partnerschaftliche Mit-Sein der Kreatur mit Gott ist in eine Dimension überhöht, die nicht mehr von dieser Welt ist, sondern dem inneren Bereich Gottes selbst zugehört. Das ist die Vollendung der Welt in Gott, die Vollendung der sichtbaren Welt in der unsichtbaren Welt, das übernatürliche Ziel der Schöpfung, das Wesen der Gnade: Die Vollendung der Kreatur, der Engel und Heiligen auch miteinander, bei Gott, gleichsam in Gott, im Himmel.

Literatur

Engel, in: Theologische Realenzyklopädie (TRE), Berlin / New York 1977-2004, Bd. 9 (1982) 580-615

ἄγγελος - ággelos, in: Theologisches Wörterbuch zum Neuen Testament (ThWNT), Stuttgart 1933-79; Bd. 1 (1933) 72-86

mal'ak, in: Theologisches Wörterbuch zum Alten Testament (ThWAT), Stuttgart u.a. 1973-2015; Bd. 4 (1984) 887-904

Engel, in: Das Reallexikon für Antike und Christentum (RAC), Bd. 5 (1962) 53-255

Bietenhard, Hans: Die himmlische Welt im Urchristentum und Spätjudentum, Tübingen 1951

Derich, Wilhelm Josef: Der Bote Gottes und die Sehnsucht des Menschen. Der Engel in Theologie und Literatur [...] Ein Beitrag zu einer christlichen Angelologie, Diss. RWTH Aachen 2017 (Manuskriptfassung)

Dörfel, Donata: Engel in der apokalyptischen Literatur und ihre theologische Relevanz am Beispiel von Ezechiel, Sacharja, Daniel und Erstem Henoch, Aachen 1998

Heidtmann, Dieter: Die Engel: Grenzgestalten Gottes. Über Notwendigkeit und Möglichkeit der christlichen Rede von den Engeln, Neukirchen-Vluyn 1999

Hilbrands, Walter: Das Verhältnis der Engel zu Jahwe im Alten Testament, insbesondere im Buch Exodus, in: The Interpretation of Exodus. Festschrift Cornelis Houtman, ed. Riemer Roukema et al. (Contributions to Biblical Exegesis & Theology 44), Leuven 2006, 81-96

Hirth, Volkmar: Gottes Boten im Alten Testament. Die alttestamentliche Mal'ak-Vorstellung unter besonderer Berücksichtigung des Mal'ak-Jahwe-Problems, Berlin 1975

Koch, Klaus: Monotheismus und Angelologie, in: W. Dietrich, M. A. Klopfenstein: Ein Gott allein? JHWH-Verehrung und biblischer Monotheismus im Kontext der israelitischen und altorientalischen Religionsgeschichte, Fribourg1994, 565-581

Tavard, George: Die Engel, in: Handbuch der Dogmengeschichte (HDG) / Bd. 2, Der trinitarische Gott, die Schöpfung, die Sünde / Fasz. 2b. Die Engel, Freiburg i. Br. 1968

Anmerkungen

[1] Eine Kantar-Umfrage aus dem März 2019 hat gezeigt, dass in Ostdeutschland 36% der Menschen an die Existenz von Engeln glauben, aber nur 26% an Gott, während es in Gesamtdeutschland 55% sind, die an »einen Gott« glauben (DER SPIEGEL vom 19.04.2019). Eine YouGov-Umfrage aus dem Jahr 2016 legt offen, dass 58% der Frauen und 41% der Männer an Schutzengel glauben. Eine Forsa-Umfrage aus dem Dezember 2005 für Gesamtdeutschland hat gezeigt, dass 66% der Befragten an Schutzengel glauben, aber nur 64% an die Existenz Gottes (WELT-Artikel 185325 vom 20.12.2005).

[2] Hirth, Volkmar: Gottes Boten im Alten Testament. Die alttestamentliche Mal'ak-Vorstellung unter besonderer Berücksichtigung des Mal'ak-Jahwe-Problems, Berlin 1975, 32-47

[3] Moody, Raymond A.: Das Licht von drüben. Neue Fragen und Antworten, Reinbek 2019; Kübler-Ross, Elisabeth: Über den Tod und das Leben danach, Güllesheim 2020 (beide Schriften in zahlreichen Auflagen erschienen)

[4] Gen 16; 21; 22; 28; 31; 32; 48; Num 22; Ri 6; 1 Kön 19 (mit Parallelen in Jes 37; 2 Chr 32); 1 Chr 21; Sach 1-6; Mal 1-3

[5] Hirth ebd. 32-47

[6] Aistleitner, Joseph: Wörterbuch der ugaritischen Sprache, Berlin [3]1967, 165

[7] ThWAT 4 889; J.-L. Cunchillos: Étude philologieque de mal'ak, VTS 32 (1981) 30-52; ders.: A Concordance of Ugaritic Words, 2003

[8] Mark S. Smith: The Ugaritic Baal cycle. 1. Introduction with text, translation and commentary of KTU 1.1-1.2, Leiden 1994, XXIII

[9] Ex 23,20; 33,2; Num 20,16; 1 Kön 13,18; 19,5; Jes 63,9; Hos 12,5; Ijob 33,23; 1 Chr 21,15; 2 Chr 32,21

[10] Gen 48,16; 2 Sam 24,16-17; 1 Chr 21,15.20.27; Sach 1,9.1333-14; 2,2.7; 3,3; 4,1.4.5; 5,5.10; 6,4-5; Plural: Gen 19,1.15

[11] Gen 16,7.9-11; 22,11.15; Ex 3,2; Num 22,22-27.31-32.34-35; Ri 2,1.4; 5,23; 6,11-12.21-22; 13,3.13.15-18.20-21; 2 Sam 24,16; 1 Kön 19,7; 2 Kön 1,3.15; 19,35; Jes 37,36; Sach 1,11-12; 3,1.5-6; 12,8; Ps 34,8; 35,5-6; 1 Chr 21,12.15-16.18.30

[12] Gen 21,17; 1 Sam 29,9; in 8 weiteren Fällen wird das angeschlossene 'elohim mit Artikel »ha« eigens determiniert: Gen 31,11; Ex 14,19; Ri 6,20; 13,6.9; 2 Sam 14,17.20; 19,28; in 2 weiteren Fällen begegnet mal'ak im Plural: Gen 28,12; 32,2

[13] Schmid, Konrad: Der Pentateuch und seine Theologiegeschichte, Zeitschrift für Theologie und Kirche 111 (2014) 239-270

[14] Bei Ausgrabungen in Tell Dēr 'Allā im Ostjordanland wurden 1967 auf dem Putz einer Wand Fragmente einer Inschrift aus dem 9. Jhd. v. Chr. freigelegt, die von Bileam, dem Sohn Beors, handeln.

[15] Hirth, Volkmar: Gottes Boten im Alten Testament, a.a.O., 89

[16] Hirth ebd.

[17] So Gerhard von Rad, Das erste Buch Mose: Genesis, Bd.2, Göttingen 1952, 203

[18] Noth, M., Überlieferungsgeschichte des Pentateuch, Darmstadt 1960, 52

[19] Dohmen, Christoph; Ederer, Matthias: Wie Exodus zum Exodus wurde. Ein Buch und sein Thema, in: Gärtner/Schmitz (Hg.): Exodus. Rezeptionen in deuterokanonischer und frühjüdischer Literatur, Berlin/Boston 2016, 1-16; 6

[20] Hirth 85-87

[21] Hirth 14 nennt als Vertreter einer solchen Identitätstheorie u.a. Hitzig, Ferdinand: Biblische Theologie (1880) 64 f.; Marti, Karl: Grschichte der israelitischen Religion (1897) 67; Smend, Rudolf: Lehrbuch der alttestamentlichen Religionsgeschichte ([2]1899) 42-46; Kautzsch, Biblische Theologie des Alten Testaments (1911) 82 ff.; Procksch, Otto: Die Genesis übersetzt und erklärt (1924) 114

[22] Procksch, Otto: Die Genesis übersetzt und erklärt (1924) 108; vgl. Hirth 14

[23] Hirth ebd. führt Ziegler, Matthäus: Engel und Dämon im Lichte der Bibel (1957) 46 an

[24] Stein, Bernhard: Der Engel des Auszugs, Biblica 19 (1938) 286-307; zit. nach Hirth ebd.

[25] Hilbrands, Walter: Das Verhältnis der Engel zu Jahwe im AltenTestament (2006) 89 (vgl. Hirth 13) nennt als Vertreter einer modifizierten Logostheorie aus dem 19. Jhd. Chr. G. Barth, E.W. Hengstenberg, G.F. Oehler und C.F. Keil, aus dem 20. Jh. E. Kalt, H. Kuehn, A.Ohlmeyer, F. Heitmueller, J.B. Payne.

[26] Payne, J. B.: The Theology of the Older Testament (1962) 170

[27] Hirth 15; Heinisch, Paul: Personifikation und Hypostasen im Aten Testament und im Aten Orient, in: Bibl. Zeitfragen 9 (1921) 24-27

[28] Jericke, Detlef (2011): https://www.bibelwissenschaft.de/stichwort/14756/

[29] Hirth 20 mit Bezug auf Karl Barth: Kirchliche Dogmatik III.3 599

[30] Hilbrands 95; Hilbrands richtet die Aufmerksamkeit auf das Transparentwerden der vermittelten Botschaft auf JHWH. »Im Zuge der wachsenden Erkenntnis dessen, dem die Epiphanie zuteil wird, wird immer deutlicher, dass es sich um niemand anderes als Jahwe selbst handelt« (93). Allerdings ist zwischen Repräsentation und Identität zu unterscheiden. Für Hilbrands gerät das Moment der Repräsentation durch den Boten angesichts des Ziels, der Epiphanie JHWHs, aus dem Blick. Daher bleibt für kreatürliche Eigenwirklichkeit des Boten kein Raum: »Engel sind eine besondere Extension Jahwes, die im Grunde mit ihm identisch sind« (96). Einer solchen Konklusion haftet ein gewisser Modalismus an.

[31] ThWBNT Bd.1 75-76

[32] Hirth 52-54

[33] Hornung, Erik: Echnaton. Die Religion des Lichts. Zürich 1995, 88-93

[34] von Nordheim, Eckhard: Der große Hymnus des Echnaton und Psalm 104. Gott und Mensch im Ägypten der Amarnazeit und in Israel, Hamburg 1979. Eine vergleichende Gegenüberstellung von Sonnenhymnus und Psalm 104 bietet Gerald Spitzner: https://geraldspitzner.wordpress.com/psalm-104/-textvergleich-hymnus-des-echnaton-und-psalm-104/

[35] Preuß, Horst Dietrich: Theologie des Alten Testaments Bd.1, Stuttgart 1991, 259-274

[36] Jaroš, Karl: Die Stellung des Elohisten zur kanaanäischen Religion, Fribourg 1974, 73-78

[37] ebd. 86-88

[38] Derich, Der Bote Gottes und die Sehnsucht des Menschen, 9-27, ordnet Engel als Grenzgängergestalten und somit als Zwischenwesen ein.

[39] KAI Nr. 4 aus der Zeit um 950 v. Chr.; KAI Nr. 4 (5./4. Jhd.v.Chr.); KAI Nr. 26 und 27 (7. Jhd. v. Chr.); KAI Nr. 51 aus dem 5. Jhd. v. Chr.

[40] KTU 1.4 II 11

[41] KTU 1.14 I 37

[42] KTU 1.2 I 14 [TUAT III/6, 1120]

[43] KTU 1.65,3 spricht von der Versammlung der Söhne Els; zu El als König vgl. KTU 1.4 IV 38

[44] https://www.bibelwissenschaft.de/stichwort/23160/; Rösel, Hartmut: Israel in Kanaan: Zum Problem der Entstehung Israels (Beiträge zur Erforschung des Alten Testaments und des Antiken Judentums, Band 11), Frankfurt a.M. 1992

[45] Niehr, Herbert: Der höchste Gott. Alttestamentlicher JHWH-Glaube im Kontext syrisch-kanaanäischer Religion des 1. Jahrtausends v. Chr., Berlin/New York 1990

[46] Koch, Klaus: Die Jahwä-El-Synthese, in: Der Gott Israels und die Götter des Orients, Göttingen 2007. 13-20; Herr, Bertram: Jhwh und die Götter: Ein Querschnitt durch die Forschung zum syrisch-palästinischen Gottesverständnis, in: ZRGG 52 (2000) 167-175

[47] Kreuzer, Siegfried: Geschichte, Sprache und Text: Studien zum Alten Testament und seiner Umwelt, Berlin 2015, darin Abschnitt »Zebaoth – Der Thronende« aus Vetus Testamentum 56 (2006) 347-362

[48] ders.: Art. Zebaoth, in: WiBiLex: https://www.bibelwissenschaft.de/stichwort/35190/

[49] https://dewiki.de/Lexikon/Engel

[50] Abedi, Zohreh: »Alle Wesen bestehen aus Licht«: Engel in der persischen Philosophie und bei Suhrawardi, Baden-Baden 2018, 22-27

[51] Kirchschläger, Walter: Perikopenkommentar zu Lk 2,1-21: http://www.perikopen.de/Lesejahr_B/W_Lk2_1-21_-Kirchschlaeger.pdf

[52] »Wer den Brief geschrieben hat, die Wahrheit weiß Gott«: Eusebios: historica ecclesiastica VI 25,14

[53] u.a. Irenäus Adv. Haer. II 2,4; Origenes de princ. I 7,1; Athanasius contr. Ar. I 62

[54] Justin 2. Apol. 6,5; Dial. 102,4; Irenäus Adv. Hear. IV 37,1.6

[55] Eusebios von Caesarea: praeparatio evangelica 13,13,6; Clemens von Alexandra: Strom VI 157,5; Origenes: Contr. Celsum V 57

[56] Laktanz, Divinae institutiones 2,14,9

[57] Geistigkeit der Engel vgl. Irenäus Adv.Haer. II 30,6; ohne Leib ebd. III 20,4; Tertullian interpretiert die Geistigkeit der Engel im Sinne eines unstofflichen Leibes (substantia spiritalis), ebenso Gregor von Nazianz Or. XXVIII 31 oder Augustinus De Gen 3,10. Augustinus nimmt für Engelerscheinungen einen ätherischen Leib an (de trin 3,5). Bei Annahme eines unstofflichen Leibes gilt es jede materielle Vorstellung auszuschließen, wie Gregor von Nazianz betont (Or. XXXVIII 9).

[58] In Ir. X 6

[59] Klein, Elizabeth: Augustine's Theology of Angels, Cambridge 2018, stellt in ihrer Darstellung der Engel bei Augustinus stark auf dieses Moment der Gemeinschaft ab.

[60] Gregor der Große: Hom. in Ev. I 2 hom. 34,7; Mor 30,48; Ep. V 54

[61] Ephräm der Syrer: Sermo 30; Basilius: De Spir. Sancto 38

[62] Gregor von Nazianz: II Theol. Disc. III

[63] Athanasius: Oratio III contra Arianos, 51

[64] Basilius: De Spiritu Sancto 16,37-38; Hom. in Ps 32,4; Johannes von Damaskus: de fide orth. II 3

[65] Johannes Chrysostomus: Homilia III in Hebr. 2

[66] Origenes: Contra Celsum 5,5; analog zur Verehrung der Märtyrer im Unterschied zur Anbetung Christi: Martyrium des hl. Polykarp, 17; vgl. 2. Konzil von Nikaia (787), sessio 7 (DH 601)

[67] vgl. Synode von Braga (574) [DH 455] mit Verurteilung des Pricillianismus sowie gegen manichäische Vorstellungen

[68] Mosaik um 526 aus Sant'Apollinare Nuovo in Ravenna

[69] Kondakion 9

[70] Ikos 7

[71] Hugo von St. Viktor: De Sacr. I 4,26

[72] Sentenzenkommentar d.1-11; Contra Gentiles II 46-55.91-101; III 41-45.52-62.78.88.103.106-113.154; De Veritate q8; De Potentia q6; Compendium Theologiae 124-127; »De spiritualibus creaturis« aus dem opusculum »De substantiis separatis«; Kommentar zu Dionysius; De Malo q16

[73] vgl. das philosophische opusculum des Thomas »De substantiis separatis«

[74] zur Engellehre bei Bonaventura vgl. Sentenzenkommentar II d2-11; Collationes in Hexaemeron Coll. XXI 16-33; Breviloquium II 6

[75] Compendium Theologiae, caput 124

[76] Goga, Malte: Engel-Bilder. Die Sichtbarkeit von Engelfiguren in italienischer Malerei um 1600 (Diss 2015), Paderborn 2018, 15

[77] z.B. Johannes Chrysostomos: Hom. contr. An. 7,6; auch Engelerscheinungen erfolgen gemäß Johannes von Damaskus (De fide orth. 2,3) nicht in einem Leib, sondern in einer »Erscheinungsform«; vgl. oben Anm. 55

[78] Seitenzahlen in Klammern beziehen sich auf folgende Ausgabe des Catechismus Romanus aus Antwerpen von 1572 aus dem Bestand der Bayerischen Staatsbibliothek (Catech. 208): https://www.digitale- sammlungen.de/de/view/bsb10174311?page=,1

[79] Dekret der Kongregation für die Glaubenslehre über Lehre und Praktiken der sog. Gemeinschaft »Engelwerk« vom 6. Juni 1992 (Litteris Diei)

[80] So etwa im Artikel »Die dämonische Hierarchie des Engelwerks« von Roman Hanig in MThZ 49 (1998) 241-271, der nach eigenen Angaben Dokumente der kirchlichen Untersuchung durch Weihbischof Heinrich Graf von Soden-Fraunhofen aus der Erzdiözese München und Freising auswerten konnte, darunter ein Exemplar des für internen Gebrauch bestimmten Handbuchs des Engelwerks.

[81] Schreiben der Kongregation für die Glaubenslehre vom 2. Oktober 2010; Darstellung des Engelwerks und seiner Lehren in Artikelform im L'Osservatore Romano vom 15. April 2011

[82] Rahner, Karl: Hölle, in: Sacramentum Mundi II (1968) 738; Edith Stein (Die ontische Struktur der Person und ihre erkenntnistheoretische Problematik, Louvain 1962, 158) spricht von einer »prinzipiellen Möglichkeit«, hält diese aber faktisch für »unendlich unwahrscheinlich« aufgrund der vorbereitenden Gnade.

[83] Balthasar, Hans Urs von: Kleiner Diskurs über die Hölle, 59-70; mit zahlreichen Bezügen auf die Literatur

[84] Rahner ebd. 737; Balthasar ebd. 60

Thomas Schumacher –
weitere Publikationen in Auswahl:

Die Feier der Eucharistie. Liturgische Abläufe - geschichtliche Entwicklungen - theologische Bedeutung, München 2009

Bischof - Presbyter – Diakon. Geschichte und Theologie des Amtes im Überblick, München 2010

Geschichte der Weihnachtsgeschichte. Ein historischer und theologischer Schlüssel; München 2012

Ehe als Sakrament verstehen, München 2015

13 (un)katholische Missverständnisse
Schieflagen und Klärungen, München 2020

Eine kurze Geschichte der Sünde, München 2021

Bibliographie:
www.denken-im-glauben.de/schumacher

www.pneuma-verlag.de